ALGUNAS COSAS CURIOSAS DE NOVÉS

ALGUNAS COSAS CURIOSAS DE NOVÉS

Segundo Benayas Gómez-Caro

CELYA

ALGUNAS COSAS CURIOSAS DE NOVÉS

1ª Edición: Diciembre, 2024

© SEGUNDO BENAYAS GÓMEZ-CARO

Foto de portada: Iglesia de Novés

ISBN: 978-84-19933-14-0
D.L.: TO 306-2024

Edición e Impresión:
CELYA Editorial
www.editorialcelya.com

ÍNDICE

INTRODUCCIÓN

La curiosidad es algo natural que está presente en todos los seres vivos, especialmente en los humanos, y mucho más aún en los individuos jóvenes.

Podríamos decir que la curiosidad es una cualidad innata, un instinto natural que se activa de forma casi automática para obtener información y poder alcanzar así el conocimiento y comprensión de todas las cosas que nos rodean, desde las más sencillas hasta las más complejas.

No hay que confundirlo con el cotilleo, que es una especie de propagación o intercambio de cosas que hemos oído a otros o que nos han contado sin más sin una base cierta que se pueda comprobar y demostrar. Esta actitud no deja de ser un cúmulo de rumores y comentarios, más que de conocimientos, que se transmiten alegremente sin pensar ni analizar, por eso casi siempre terminan en conclusiones arbitrarias, confusas o erróneas cuyo provecho y utilidad no suele ser muy fiable que digamos.

La curiosidad, sin embargo, es algo positivo porque suele estar asociada al aprendizaje y a la memoria. El primero nos facilita el conocimiento de las cosas observadas, mientras que la segunda nos permite almacenar ese conocimiento para convertirlo en experiencia, comprensión y razonamiento.

En este libro presento una serie de informaciones y datos sobre algunos temas que en principio despertaron mi curiosidad –de ahí el título tan sugestivo, aunque nada original– que me motivó a indagar más sobre ellos y llegar a conocerlos mejor con el único propósito de compartirlos después e intentar motivar también la curiosidad y el interés del lector.

Los temas aquí tratados son bastante conocidos por todos los novesanos de una forma genérica y superficial; no obstante, para algunos puede ser novedosa la aportación y ampliación de una serie de datos e informaciones que por ser de uso poco frecuente son también menos conocidos. Para foráneos y visitantes estos relatos podrían resultar incluso una sorpresa.

En Novés casi nadie ignora que desde muy antiguo este lugar ha sido bastante señalado y conocido, llegándose a definir como lugar muy pasajero dadas sus buenas comunicaciones y ser también un lugar sano por la abundancia de fuentes y manantiales de agua buena y saludable. Igualmente, todos conocen la existencia de un *Lignum Crucis* y casi todos han oído hablar de los famosos paños que se confeccionaban aquí y de su calidad, que era apreciada por algunos nobles de la Corte dieciochesca.

Quizás algo menos conocidos son los procesos de la Inquisición contra dos novesanos y la existencia de un crucifijo que pudiera estar relacionado con el mismísimo Miguel Ángel o bien con artífices de su escuela del Quattrocento. De igual manera, muy pocos conocen la existencia de un torero novesano que, sin saberlo ni pretenderlo, podría estar relacionado con el genial Picasso.

Pues bien, temas tan curiosos como estos son los que se desarrollan aquí, incluyendo también lo que podríamos denominar pequeñas referencias a la singularidad de sus campanas o al patronímico del propio pueblo y del nombre de su patrona.

No he resistido la tentación de incluir de modo anecdótico sendos artículos que compuse, modestia aparte, sobre dos importantes acontecimientos locales y que tuve la oportunidad de presentar y exponer ante mis paisanos como pregonero de las fiestas más famosas y renombradas de Novés: la Feria y la Semana Santa.

Me he permitido esta licencia para compartir aquellos discursos que tuve oportunidad de ofrecer como pregonero, para que quede constancia de un modo más permanente y complacer así las sugerencias de varios amigos y de algunas personas concretas, dicho sea sin ningún tipo de vanidad ni arrogancia por mi parte.

A veces las anécdotas son consideradas curiosidades, pues en realidad no dejan de serlo, pero con una pequeña o gran diferencia, según se mire. Las anécdotas suelen ser relatos de ciertas situaciones o circunstancias de tipo más personal, por lo general graciosas, vividas en primera persona y, por tanto, más proclives a la subjetividad.

Las curiosidades por su propia definición se refieren a hechos o cosas que se apartan un poco de lo común y por eso nos llaman la atención. Suelen tener un carácter más general y universal por lo que suelen ser consideradas más objetivas y ajustadas a la verdad dentro de lo que cabe.

No obstante, la diferencia entre anécdota y curiosidad puede llegar a ser muy pequeña, mínima muchas veces, de tal forma que es muy fácil confundirlas.

En lo que a mi respecta, he tratado ser lo más objetivo posible y ceñirme a la verdad en todo momento en mis relatos, excluyendo mis propias composiciones, como es obvio, donde me permito ciertas licencias literarias que espero sepan comprender y disculpar los lectores.

Todo lo que describo en estos artículos y ensayos está basado en datos que se pueden comprobar fácilmente, porque intento evitar la mentira, pues pienso que, aunque algunos crean que una mentira repetida mil veces puede convertirse en verdad, nunca lo será en conciencia.

Hay un caso muy claro al cual se recurre intencionadamente y de mala fe que sirve de ejemplo. De un tiempo a esta parte se observa un cierto sentimiento creciente de odio –sobre todo en determinados países iberoamericanos– cuando se habla de posibles abusos y atrocidades cometidos durante el descubrimiento de América, basados todos ellos en relatos de la nefasta leyenda negra del siglo XVI, que induce a pensar que fue una cruel «colonización» española. Esta leyenda fue escrita por enemigos de España para desacreditarla y con el único fin de hacer daño. A poco que nos molestemos en profundizar e investigar objetivamente descubriremos la verdad y nos daremos cuenta enseguida de que los hechos demuestran todo lo contrario, a pesar de reconocer ciertos errores y abusos que sin duda se cometieron, pero el daño de la mentira ya está hecho y todavía da su fruto envenenado apoyado en cierta medida por el desinterés y, por qué no decirlo, cierta ignorancia de nuestra parte que, por desgracia, está bastante generalizada y extendida, que nos lleva al conformismo o la indiferencia.

Cierto es que la búsqueda de la verdad no significa que no se pueda estar equivocado. Es algo que puede suceder porque nadie es dueño de la verdad absoluta, pero yo al menos prefiero equivocarme a mentir, e incluso a ser considerado ignorante antes que mentiroso.

Todos podemos cometer errores, por eso ruego al lector que si he cometido alguno sepa disculparlo y corregirlo.

ESTUDIO DE LAS AGUAS SUBTERRÁNEAS DE NOVÉS

Desde muy antiguo Novés ha destacado por ser un lugar abundante en aguas y de buena calidad. En las relaciones topográficas del siglo XVI ya se hace constar este hecho: *«dixeron que el dicho lugar de Noves, es abundoso de fuentes y pozos en especial la fuente que esta en la plaza del dicho lugar que tiene dos caños de agua dulce y otro caño de agua dulce a la salida del pueblo que llaman Mirabuenos y otra fuente en el prado de Concejo que se dice de Pedresno de buena agua aunque no mucha y allí junto otras dos fuentes perdidas, y que del dicho lugar de Noves van a moler al dicho río de Tajo, y también van al molino de San Silvestre y otros muchos molinos que están en el arroyo de San Silvestre, media legua pequeña deste dicho lugar.»*[1]

En las mismas relaciones topográficas hechas en San Silvestre se nombran dos molinos en el arroyo del mismo nombre: *«en el dicho arroyo hay dos molinos de pan que caen en el término desta villa que se dicen el uno el molino de la Guadaña y el otro de Belvís y son del dicho señor duque de Maqueda y que rentan a dicho señor duque en cada año ciento y sesenta fanegas de trigo.»*[2]

Del mismo modo, en las mismas relaciones hechas en Maqueda, capital del señorío, se responde en el cuestionario que sus habitantes van a moler al Tajo, lo que indica de alguna manera la escasa entidad de dichos molinos, lo que quizás fuera motivo para que en Novés se

---

[1] C. Viñas y R. Paz. *Relaciones histórico geográficas de los pueblos de España por iniciativa de Felipe II.* C.S.I.C. Madrid, 1963.
[2] *Ibidem.*

nombrara uno de ellos como el Molinillo, nombre con el que aún se conoce actualmente.

Hay otras relaciones del siglo XVIII en las que se vuelve a insistir en la abundancia de aguas haciendo referencia al arroyo que cruza el pueblo en dirección este-oeste *«que va tomando cuerpo de varios manantiales en el mismo valle dentro de la población que se juntan con los dos caños o fuentes que hay en la plaza...»*[3]

Continúa el relato diciendo que a la salida del pueblo hay dos fuentes muy abundantes *«una tiene tres caños que echan muchísima agua de la que se abastecen sus vecinos por ser muy delgada, preciosa y saludable. La otra fuente brota diametralmente opuesta y de ella beben los ganados. Las aguas sobrantes de las dos juntas discurren hacia el arroyo que cruza el pueblo sirviendo para regar varias huertas.»*[4]

En un estudio posterior realizado en el siglo XIX y que fue publicado en el tomo XXIX del Boletín de la Comisión del Mapa Geológico de España en el año 1908 aparece un capítulo titulado «Estudios hidrogeológicos de la zona del Alberche y del Guadarrama en la cuenca del Tajo» realizado por los ingenieros César Rubio, Enrique Villate y Alfredo Kindelán.

Del citado estudio se hace un resumen para recoger los datos más interesantes que se refieren a las aguas subterráneas de toda la zona en general y de las de Novés en particular.

---

[3] López, T. *Índice de las Relaciones Geográficas*. Biblioteca Nacional. Sala Cervantes. (mss.7309 fol. 260-271, año 1787).
[4] *Ibidem.*

ESTUDIO HIDROGEOLÓGICO DE LA ZONA

Comienza el estudio con una descripción general de toda la cuenca hidrográfica. La zona estudiada comprende la parte más septentrional de la provincia de Toledo y se refiere a las aguas subterráneas de las cuencas del Alberche y del Guadarrama en su recorrido por este territorio.

Los dos son ríos tributarios del Tajo y el primero de ellos tiene un recorrido de 46 kilómetros por el oeste de la provincia, que va desde las inmediaciones de Méntrida hasta Escalona en dirección NE-SO, y el segundo a lo largo de más de 50 kilómetros en dirección N-S, que va desde Batres en la provincia de Madrid hasta la vía férrea del Tajo a la que atraviesa entre Bargas y Villamiel.

Toda la zona de estudio abarca una superficie aproximada de 1.400 kilómetros cuadrados, que corresponde casi en su totalidad a lo que actualmente se denomina Comarca de Torrijos.

La divisoria alcanza por el norte una altitud media de 675 metros sobre el nivel del mar, para terminar en unos 540 metros en el sur. El terreno es suavemente ondulado, pero se puede decir que las vaguadas de la zona presentan unos desniveles similares, por lo que se puede admitir que toda la zona tiene una pendiente media de unos 150 metros a lo largo de 32 kilómetros, que supone unos 4 milímetros de desnivel por cada metro.

En general toda la zona está genealógicamente compuesta por masas diluviales del cuaternario, excepto una pequeña zona situada al sur de unos 25 kilómetros de larga en dirección E-O y de cinco a ocho kilómetros de ancha en sentido N-S, que son rocas del mioceno lacustre.

Todo el conjunto está constituido por arenas, unas veces feldespáticas y otras más puras, con algunos puntos someros de areniscas y manchas irregulares más arcillosas y, a veces, gredas (arcillas) poco salubras distribuidas sin orden determinado.

La composición de las rocas es muy diversa, sobre todo al llegar al nivel freático, donde se acusa la existencia de impurezas de sales alcalinas alternando con otras de sales térreas y alcalinas, lo que explica la anomalía de encontrar manantiales o pozos muy próximos con calidad de caudal enteramente distinta.

Dada la composición general de los fondos de los cursos de agua y de la superficie de las cuencas, arenosas, sumamente permeables y sin pendientes exageradas, es natural que el caudal exterior o aparente de estos ríos sea muy variable infiltrándose la mayor parte del agua pluvial, excepto la parte que se pierde por la evaporación, para dar lugar a corrientes subálveas en los barrancos, llamadas así porque transcurren bajo el lecho de los ríos y arroyos para alimentar, en general, el caudal de las aguas subterráneas.

Una de las conclusiones del estudio realizado viene a confirmar que todo el norte de la provincia de Toledo es en su mayor parte un terreno del período cuaternario altamente acuífero debido a la composición uniforme del terreno, cuyos niveles freáticos se encuentran a poca profundidad, como es natural en todos los terrenos de tipo diluvial y con un declive poco pronunciado.

Por las características de permeabilidad del terreno favorecida por la poca pendiente existente se origina una absorción lenta casi imperceptible, pero uniforme, que lejos de crear corrientes subterráneas da origen a mantos acuíferos y depósitos casi estancados.

La cantidad media anual de lluvia que se registra en toda la zona es de unos 400 litros por metro cuadrado. Dada la clase de terreno que se trata, y con la alta evaporación que se produce por las características climáticas de la región, lo más prudente es considerar un coeficiente de filtración no superior a 0,18 que, según afirma el estudio, que indica la cantidad de agua de lluvia absorbida anualmente y en este caso es de unos 72 litros por metro cuadrado, lo que supone una cantidad media de unos 100 millones de metros cúbicos en toda la zona estudiada siendo esta cantidad de agua la que alimenta el caudal subterráneo.

En lo que respecta al aprovechamiento del agua de los acuíferos para el regadío, es evidente que mientras la extracción de agua no traspase la cantidad que se recibe por infiltración, el acuífero no mermará. Así pues, si se considera que para un buen cultivo de regadío en la comarca se necesitan 500 metros cúbicos por hectárea y riego, serían necesarios 10.000 metros cúbicos por hectárea suponiendo 20 riegos anuales o lo que es igual un millón por kilómetro cuadrado, de donde se deduce que con la cantidad de lluvia recibida podían dedicarse a regadío 100 kilómetros cuadrados, que suponen el 7% de la superficie total de la zona.

Esta superficie se podría ver aumentada con un uso más racional, puesto que hay cultivos que solo necesitan 10 u 11 riegos anuales, lo que supondría casi duplicar la superficie destinada a regadío en toda la zona y dada la escasa dificultad para la extracción del agua por la poca profundidad de los veneros subterráneos, con una red bien meditada de galerías de filtración sería una alternativa interesante para el uso económico de esta agua.

Se considera que el manto de agua subterránea es general, lo que no quiere decir que haya sitios más ricos y apropiados que otros. Son regiones excepcionalmente ricas en aguas las de Illescas, Novés, Huecas, Yunclillos y

Villaluenga, por estar situados sobre el borde diluvial en contacto con el mioceno.

Otras zonas ricas en aguas, aunque menos que las anteriores, son Arcicóllar, Ugena, Camarena, Carranque, Maqueda, Méntrida y Camarerilla. Como ya se ha dicho, toda la zona es en general abundante en agua, disminuyendo su caudal en los terrenos que se encuentran sobre rocas del terciario.

En cuanto a la calidad de las aguas es tan variada que apenas se puede sacar una conclusión válida para toda la zona. En todo caso, de forma generalizada las aguas del mioceno son más gruesas que las del diluvial. Los veneros de la zona norte son más finos que los que se van encontrando hacia el sur. Merecen mencionarse entre las aguas finas, las de Valmojado, Ventas de Retamosa, Santa Cruz del Retamar, Almorox y Méntrida. Un poco más salobres, aunque en la categoría media, son las de Carranque, Novés, Torrijos, Yuncler, Yunclillos, Cabañas de la Sagra y Villaluenga.

La mayor parte de los pozos de la zona meridional de la región son aguas impropias para usos domésticos.

MANANTIALES Y FUENTES EN NOVÉS

Se encuentra este pueblo situado sobre la carretera de tercer orden entre Santa Cruz del Retamar y Torrijos. Su población es de 500 vecinos (unos 2.500 habitantes) que cuentan con aguas abundantes y de buena calidad, que permiten ser empleadas indistintamente para la bebida, el lavado, alimentación del ganado, etc.

El pueblo se asienta sobre dos pequeños cerros que forman en su base una vaguada de unos cinco metros de profundidad, que recibe el pomposo nombre de Canal.

Sobre la margen derecha de su recorrido emergen tres fuentes públicas cuyos derrames se unen a los de los pozos de los vecinos que, a través de sendos albañales, derraman sobre el Canal sus sobrantes que sirven de aprovechamiento a unas 12 fanegas de 600 estadales de huertas situadas en la parte más baja del pueblo.

El Canal desde la calle el Cristo. Años 50 del siglo XX.
Foto: Diputación de Toledo.

La primera fuente que aparece está alimentada por un manantial procedente de un altozano del pueblo y que, por medio de una cañería de 1,5 metros de sección transversal, surte a dicha fuente que denominan del Canal, situada en la calle El Real, donde desde un poste de albañilería en forma de prisma cuadrado sale por un caño a su pequeño pilón, suficiente para llenar los cántaros de uso normal, estando antes el agua almacenada en una arqueta colocada al lado de la fuente a donde llega, como se ha dicho, por medio de una cañería.

El aforo realizado de esta agua ha dado un caudal de 13,50 litros por minuto con 48 grados hidrométricos.

Todas las casas situadas en la margen derecha del Canal tienen pozos cuyo nivel freático oscila entre uno y dos metros de profundidad, habiéndose medido 8 metros como profundidad máxima en el pozo de la casa más alta de esta zona. Por este motivo, los temporales no solo aumentan el nivel de caudal que ya disponen los pozos, sino que lo enturbian de un modo muy marcado y en breve tiempo.

En la margen izquierda del arroyo se encuentra el nivel acuífero a profundidades muy variables que en algunos casos llega a 20 metros, aunque la mayoría son más someros, pero nunca tanto como en la margen derecha.

Fuente del Canal. 1973. (Desaparecida) Pilón en la calle la Carrera. Fotos: Novés, Estampas de Ayer y Hoy.

El arroyo traspasa la carretera que lo salva con un puente de dos ojos y allí se encuentra la fuente del Pilar en la plaza de la Constitución, que está provista de dos caños cuyas aguas se reúnen en un arca situada al NE a unos 25 metros, y al verterse los sobrantes son recogidos en un pilón de granito en el que beben los ganados corriendo después por unos aliviaderos de superficie al arroyo.

A causa, sin duda, de obstrucciones en los caños, el régimen de caudal que se observa es bastante diferente en ellos; no obstante, después de varios aforos realizados repetidamente se ha determinado un rendimiento de 15,50 litros por minuto y 68° hidrotimétricos.

En el lado izquierdo de la carretera a la salida del pueblo hacia Santa Cruz del Retamar y sobre el arroyo Miraqueño, que es afluente del arroyo principal o Canal, se encuentra la fuente más importante del pueblo, a la que acuden a mayor parte de vecinos a surtirse por la abundancia y calidad del venero.

El agua llega a esta fuente, llamada de los Tres Chorros, por un encañado oculto que llega desde un pequeño cerro situado a la derecha de la carretera y sale por tres caños separados uno de otro unos 40 centímetros cayendo a un pequeño pilón de piedra en cantidad de 74,50 litros por minuto y 29° hidrotimétricos.

Fuente de los caños en el año 1980 y en el año 2000.
Fotos: Novés, Estampas de Ayer y Hoy.

En la misma obra de fábrica que forma la fuente descendiendo tres escalones, entre la carretera, el arroyo y una casa lindera, hay un pilón que se alimenta de un caño de un agua del que se ignora su recorrido y es calificada de inferior por ser demasiado gorda y solo sirve para abrevar

los ganados. Su aforo es de 10 litros por minuto y tiene 42°
hidrotimétricos.

Por todo lo visto se ha elaborado el siguiente cuadro:

Localidad	Fuentes	Caudal	Dureza *
NOVÉS	del Canal del Pilar de los Tres Chorros del Chorro	113,50 (Total lts/min)	29° a 68°
	Algunos pozos someros	Abundantes	41° a 43°

* Grado hidrotimétrico = 10 mg/litro de carbonato cálcico.
Dureza: 8° muy blanda; hasta 15° blanda; hasta 36° semidura; hasta 60° dura;
más de 60° muy dura.

SAN SILVESTRE

En el mismo estudio se hace referencia a San Silvestre. Era
un pequeño lugar que hoy está despoblado e integrado en
una finca de propiedad privada. Se llega a él por un
camino solo practicable para carros, que transcurre pa-
ralelo al arroyo que toma el nombre del citado lugar.

En el pequeño poblado, que solo cuenta con unas
cuantas casas de labor alrededor de un castillo en ruinas,
hay una fuente de un solo caño, suficiente para abastecer
las necesidades del escaso vecindario, la cual no se pudo
aforar por encontrarse en ese momento en obras para
regular el caudal de aguas, que había sufrido pérdidas
notables.

Más adelante, antes de llegar al cruce del Arroyo
Grande de Maqueda o del Molinillo, cerca ya de San
Silvestre, hay un manantial que alimenta una fuente con un
estanque en el sitio del Batán.

Fuente en el camino de S. Silvestre. Año 1956. (Desaparecida).
Foto: Novés, Estampas de Ayer y Hoy.

En el camino hacia San Silvestre hay un desvío a la izquierda que conduce a la fuente del Albañal[5] que tiene aguas abundantes, avenadas, naturalmente del arroyo.

Otras dos fuentes situadas al SO de San Silvestre son la del Molinillo y la de la Monjía. Ambas tienen agua abundante, pero solo sirve de bebida a los caminantes y a veces a ganados que generalmente abrevan en los arroyos de Valdelaplata y de Maqueda.

---

[5] Según Jiménez de Gregorio en su libro *Materiales para la toponimia en la provincia de Toledo,* la fuente del albañal proviene del árabe *all-ballá,* que significa cloaca. Está documentada como *albañar* en el siglo XIII y como *albañal* en el siglo XV.

No quiero dejar de mencionar otros manantiales de los que tengo referencias y he llegado a conocer, pero que desgraciadamente hoy han desaparecido. Uno de ellos era el conocido como Fuente de los Pastores, que se encontraba en el camino de Toledo cerca de la Cañada Real Segoviana; otro se encontraba en el cauce del arroyo de la Monjía, en el paraje llamado Huerta de los Romanos, junto al camino de Santa Olalla, cuyo nombre invita a pensar y suponer su antigüedad; por último, un manantial que algunos denominaban de los Ojos, llamado así porque a sus aguas le atribuían propiedades curativas para enfermedades de la vista, el cual brotaba junto al arroyo del Canal, muy cerca de la plaza de España, unos 25 metros antes de cruzar el puente de la carretera.

Comentar también que, dada su situación y morfología, el canal se convertía en torrentera cuando se producían fuertes temporales, con el peligro que eso conlleva.

En la crónica de un diario del año 1860 podemos leer lo siguiente: *«El 23 de este mes estuvo todo el día diluviando tanto, que los arroyos se salieron de madre hasta el extremo de que a la salida de la calle de la Aduana improvisaron un puente los vecinos de aquel barrio. Quiso pasar un niño, viene una oleada, y la corriente le arrastró y estuvo en muy poco de sucumbir, si no hubiera sido porque un honrado artesano se echó sobre la corriente, salvándole la vida arriesgando la suya. El temporal continuó el día siguiente y en la noche del 24 al 25 a las tres o las cuatro de la madrugada se presentó un vendaval tan recio, acompañado de una fuerte lluvia que derribó muchas paredes y arrancó de cuajo unas puertas falsas de tres varas de alto por dos de ancho con cerrojos de arroba y media de peso y su buena tranca. Todas las huertas, siembras, caminos y fuentes públicas han sufrido deterioro por las referidas aguas y vendaval, pues nunca estos vecinos han conocido tanta agua en tan corto tiempo.»*[6]

Una situación similar se produjo en la primera década del siglo XX, cuando una riada inundó todas las casas de la parte baja de la calle de la Amargura y de la plaza, arrastró varios animales y causó graves destrozos en el campo. Esta situación la conocí y pude vivir una experiencia personal que no olvidaré pues, a pesar de mi corta edad, aún recuerdo cómo mi padre me subió a sus hombros cuando yo volvía de la escuela y conmigo encima cruzó la carretera que estaba inundada.

Actualmente, el canal está debidamente canalizado y aunque nunca se puede asegurar que sea la solución total y absoluta de estos problemas en situaciones tan adversas, si pueden evitar muchas de sus graves consecuencias.

---

[6] Diario *El Contemporáneo*. Domingo, 30 de diciembre de 1860.

FELICIANO BENAYAS «EL TOLEDANO»

Este breve ensayo surgió por la intriga que me produjo una llamada telefónica de Rafael Inglada en el año 2014, que en aquellos momentos se encontraba realizando un estudio sobre la etapa gallega de Pablo Picasso y estaba interesado en obtener datos sobre un torero nacido en Novés porque quizás, según palabras de Inglada, podía tener cierta influencia o algún tipo de relación con la obra del genial pintor. Creo que así fue como lo entendí o lo quise entender, por eso me intrigó tanto.

Rafael llamó al Ayuntamiento de Novés y allí, conocedores de mi afición investigadora, le dieron referencias y mi teléfono. Luego se dirigió a mí solicitando ayuda. Sin perder tiempo me puse manos a la obra.

En el semanario taurino madrileño TOREROS (Año I. Núm. 14 publicado el 4 de junio de 1911) en su apartado «Efemérides de la Semana» aparece una reseña que dice así: *«9 de Junio de 1855.- Nace en Novés (Toledo) el matador de novillos Feliciano Benayas «El Toledano».*

Esta fue la noticia que me facilitó Rafael Inglada por teléfono sobre el diestro novesano, porque era la única que él tenía. A partir de aquí inicié una investigación para saber más sobre el personaje, ya que aquí no se especifica si el citado novillero estaba todavía en activo en 1911, pues se podía intuir la posibilidad de que estuviera retirado, ya que en esa fecha contaría con 56 años; es más, tampoco se podía tener la certeza de saber si Feliciano aún estaba vivo, sobre todo por lo sospechoso de figurar reseñado en un apartado de efemérides.

A pesar de todas estas dudas, de lo que sí podía estar casi seguro y convencido es que el novillero llegó a alcanzar cierta fama y renombre, sin duda, y por ese motivo se le citaba en una revista taurina de tirada nacional.

La primera referencia taurina escrita que encontré de nuestro paisano fue en el libro titulado FIESTAS DE TOROS EN TOLEDO, de Juan Moraleda Esteban, publicado en Toledo en el año 1907. Aquí se hace mención a Feliciano Benayas «El Toledano», que comparte cartel con Isidro Grané, José Macedo y Pedro Fernández «El Chaval» el día 25 de julio de 1887 en la plaza de toros de Toledo, donde se lidiaron cuatro toretes. Así eran denominados los toros pequeños y poco bravos.

A partir de aquí comencé a buscar otras referencias que sirvieran para conocer mejor al personaje. Los datos que encontré me permiten enumerar los siguientes hechos tal y como fueron sucediendo cronológicamente.

En 1889, dos años más tarde de la referida corrida de Toledo, se puede leer en la revista taurina *El Toreo*, en su número 764, publicado el 1 de abril del citado año, que en la Plaza de Toros de Madrid toreó Rafael Bejarano (Torerito) el día 31 de marzo, y llevaba de segundo, o sea de sobresaliente de espadas, a Feliciano Benayas (Toledano).

Aunque no se sabe nada más por la brevedad de la cita, esta fecha es la primera en la que el diestro novesano aparece en un cartel de Madrid.

En *LA AGENDA TAURINA* de Leopoldo Vázquez Rodríguez, publicación con cierto renombre y prestigio porque ya contaba su quinto año de vida, se hace una relación de plazas de toros de España, Francia, Portugal y América perteneciente al año 1900. También se enumeran ganaderos y ganaderías de los mismos lugares, lo mismo que matadores de toros y novillos, empresarios, apoderados y diversas tiendas de ropa y útiles para el toreo. Aquí tuve una grata sorpresa al comprobar que Novés aparece entre las localidades que se enumeran con los siguientes datos: *«población de 2.500 habitantes y una plaza de toros con una cabida de 3.000 personas [sic]»*. De igual modo aparece el nombre del empresario y apoderado de la plaza, que era D. Nicolás Caro.

No deja de ser curioso que aparezca Novés en esta relación, porque en la lista que se publica se hace referencia solo a las plazas taurinas fijas, descartando las portátiles, por tanto es de suponer que en esas fechas Novés contaba con una plaza de toros fija, noticia que no dejaba de ser una sorpresa y causarme cierta extrañeza. ¿Cómo es posible que no haya restos ni referencia alguna sobre la existencia de un coso taurino fijo en nuestra localidad? ¿Nadie (de mi generación o más) ha oído hablar de ello a sus abuelos? La referencia no es tan antigua, pues tiene poco más de un siglo. Es algo que todavía no deja de intrigarme.

Pero, además en esta publicación, había otro dato muy interesante referido a nuestro paisano. Aquí también se hacía, en un pequeño apartado, una relación de aquellos matadores de novillos que ya habían toreado en Madrid, y en ella aparece Feliciano Benayas «el Toledano», quien figura haber debutado en el año 1891 en la capital de España.

En efecto, el debut del torero en Madrid fue el día 15 de agosto del año 1891, y quedó reflejado en la prensa de esta manera:

«PLAZA DE TOROS DE MADRID. Gran Corrida de novillos para hoy. Cuatro novillos de puntas, desecho de

tienta y cerrado, dos de la ganadería de D. Faustino Udaeta de Madrid y dos de la de D. Gregorio Medrano de Guadalajara, estoqueados por Manuel Lara «Chicorro» y Feliciano Benayas, ambos nuevos en Madrid». (Diario LA CORRESPONDENCIA DE ESPAÑA. Año XLII. Núm. 1284. 15 agosto de 1891).

La corrida fue ampliamente anunciada por la prensa porque además de este, también otros periódicos se hicieron eco del acontecimiento, como fueron los diarios *El Día, El Heraldo de Madrid* y *El Imparcial*.

Al día siguiente, es decir el 16 de agosto de 1891, se publica una crónica taurina en la que se relata el desarrollo de la corrida del día anterior. En dicha crítica se afirma que había resultado un espectáculo muy malo –lo describe literalmente como esperpéntico y desastroso– porque se lidiaron toros de desecho y además por matadores de muy mala calidad. Al igual que todos los de la terna, nuestro paisano no sale muy bien parado recibiendo una crítica muy dura en los siguientes términos:

«...el otro espada, Feliciano Benayas es la negación absoluta del toreo, le cogieron los toros, que más que toros eran chotos de dos años, un sin número de veces. Es un suicida que no tiene valor de pegarse un tiro y se ha metido a torero...» (Diario LA CORRESPONDENCIA DE ESPAÑA. Año XLII. Núm. 1285. 16 de agosto de 1891).

Aunque se me acuse de ser subjetivo, realmente me parece una crítica demasiado dura y severa para un debutante. Se me ocurre que quizás estaba muy influenciada por la gran decepción general que debió causar el espectáculo, dada la expectación que al parecer había despertado, según se deduce por el amplio des-pliegue anunciador llevado a cabo por la prensa.

Sin embargo, a pesar de este comienzo tan desastroso y terrorífico, según la prensa, que no auguraba ningún futuro prometedor para el debutante, no resultó tan fatídico ni negativo, pues nuestro paisano siguió su carrera, por cierto alcanzando algún que otro éxito porque no solo siguió toreando el año siguiente sino varios años más, y en plazas de cierta relevancia, como he podido comprobar después.

En una recopilación de las crónicas taurinas históricas de la ciudad de Brihuega (Guadalajara) se puede leer lo siguiente:

«En las fiestas de Brihuega del día 17 de agosto (1892) se celebró una corrida en la que se corrieron toros del Marqués del Pozo, siendo estoqueados los cuatro primeros por Feliciano Benayas «El Toledano» que escuchó muchos aplausos recogiendo infinidad de cigarros. El quinto lo mató regularmente «El Salmantino». El banderillero Parra resultó cogido en el tercer toro recibiendo un puntazo en el brazo izquierdo. Benayas fue contratado para la corrida del año siguiente». (Diario EL PAIS Madrid 21 de agosto de 1892). (*No confundir con *El País* actual, sino que se trata de otro diario republicano-progresista que se publicó de 1887 a 1921).

Al parecer, también alcanzó bastante éxito en Lorca (Murcia) como se desprende de diversas crónicas consultadas: *«Según el Noticiero, el Baluarte, el Diario de Avisos y la Avanzada, periódicos todos de Lorca, en las pasadas Pascuas se han dado en aquella población dos novilladas que han dejado satisfechísimo al pueblo aficionado. Feliciano Benayas «El Toledano» estoqueó con acierto los dos toros siéndole concedidas las orejas de todos sus enemigos y alcanzando buena cosecha de palmas. «El Salamanquino», que actuó de sobresaliente, mató con acierto los toros que le correspondieron. Asegúrase que en vista de su buen comportamiento ha sido contratado nuevamente Feliciano Benayas».* (Diario EL HERALDO DE MADID. 8 de enero de 1893).

El prestigio del novillero era indudable, al menos en la región murciana, a juzgar por los comentarios del año 1896 que he podido recoger: *«La temporada taurina comenzará en esta plaza (Murcia) el primer día de la Pascua de Resurrección. El empresario Sr. Tarin, que tan buenos recuerdos dejó a los aficionados murcianos, es el que va a dar esta temporada las novilladas. Se propone contratar buenas reses y a los mejores novilleros conocidos además de ir presentando a los no conocidos en esta plaza.*

El Domingo de Pascua toreará «El Parrao» o «El Maera» y el bravo novillero Feliciano Benayas «El Toledano», chico que dicen que se las trae y que ha de gustar a los inteligentes». (Diario LAS PROVINCIAS DE LEVANTE. Murcia, 10 de marzo de 1896).

A lo largo de su carrera hay constancia de que pisó el albero de plazas de toros de diversa importancia y distintas categorías como Toledo, Madrid, Plasencia, Brihuega, Segovia, Soria, Torrelaguna, La Coruña, Noya, Briviesca, Vitoria, Azpietia, Cuenca y Yepes. También lo hizo en Novés, su pueblo natal, donde toreó una corrida de beneficencia a favor de damnificados por la guerra de Cuba el día de la festividad de Santiago de 1898.

Hasta aquí, todos los datos que he podido obtener de su carrera profesional. Pero tras la lectura de todo este currículo enseguida aparecen ciertas dudas, como por ejemplo, ¿cuánta fama o relevancia alcanzó el novillero? ¿Llegó a tomar la alternativa? ¿El éxito de su carrera no fue suficiente e importante para que siga siendo un desconocido en su pueblo natal hoy en día?

También surge, sobre todo, una gran duda referida a su edad: si nació en 1855 y debutó en Madrid en 1891 significa que ya contaba con 36 años el día de su debut, una edad que realmente parece un poco avanzada para alguien que empieza, y más aún, si en 1896, cuando toreó en Murcia, se refieren a él como «...*un chico que dice que se las trae...*». El chico en cuestión contaría en ese momento con 41 años, una edad que no se corresponde con la definición utilizada.

Siguiendo mi investigación descubrí la verdadera identidad de nuestro paisano torero. Su verdadero nombre era **Feliciano Bolonio Benayas**, hijo de Mariano Bolonio y Ángela Benayas, nacido en Novés, efectivamente, pero ocho años más tarde, es decir el día 9 de junio del año 1863 y no en 1855, como se decía en la efeméride.

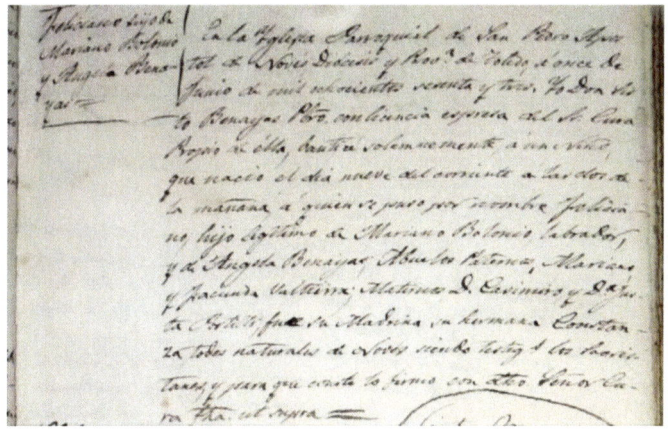

Partida de bautismo *(Archivo parroquial de Novés)*.

Con este dato se constata que en su primera actuación en Toledo tenía 24 años y en su debut madrileño 26, una edad más creíble para un debutante. En el caso de Murcia tenía 29 años una edad, un poco más razonable y hasta cierto punto también más acorde a la expresión «un chico que se las trae», aunque evidentemente ya no era ningún niño.

En lo que se refiere al hecho de conocer su verdadera identidad fue otra dificultad añadida debido al uso que hizo del apellido materno solamente, junto al mote artístico de «El Toledano», lo que complicó en cierto modo su identificación. La verdad es que ignoro la causa que le motivó a ello, aunque es de suponer que fue una decisión muy personal de Feliciano.

Por todo lo que se ha visto, no cabe duda que nuestro paisano alcanzó cierto éxito o mérito, porque de no ser así no se explica el hecho de que aparezca en diversas crónicas y efemérides, hechos que demuestran, por el contrario, que alguno debió llegar a tener durante toda su carrera profesional como novillero, porque no nos consta que llegara a tomar la alternativa de matador de toros.

De lo que tampoco cabe ninguna duda es la empatía que despertaba a su alrededor, deducción lógica si hacemos caso a ciertos adjetivos que la prensa dedica en algunas de las referencias dirigidas a él, como valiente, arrojado, simpático, buen comportamiento, etc., lo que puede hacernos suponer que pone de manifiesto, en cierta medida, su buen carácter y la buena imagen que despertaba en el público, todo ello de forma aparente y supuestamente.

Por otra parte, es indudable que no debió ser un éxito muy clamoroso, popular y generalizado, incluso me atrevería a decir que ni siquiera continuado, porque no deja de ser extraño y llamativo una especie de silencio informativo que existe sobre su carrera profesional; es verdad que fue durante un corto período de tiempo entre los años

1895 a 1897. Durante estos dos años apenas si existe alguna referencia sobre la actividad del diestro. Al menos, para mí no ha sido posible encontrarla. Por el contrario, durante el año 1899 parece ser que tuvo una temporada bastante activa a juzgar por la cantidad de reseñas encontradas.

Lo que sí descubrí fueron dos pequeñas reseñas en ese corto período de tiempo, algo extrañas, que llamaron mi atención, porque hacen constar la retención de sendos telegramas que no habían podido ser entregados, lo que no deja de producir alguna intriga y hasta cierta inquietud, ¿quizás alguna cogida grave? Sea como fuere, no debió ser tan importante dada su reaparición, informativamente hablando, unos años después.

De toda la historia referida a «El Toledano», lo que más me intrigaba era la noticia que Rafael Inglada me había adelantado. ¿Qué relación hubo entre el torero novesano y Picasso, si es que la hubo?

Como ya he mencionado antes, Feliciano Benayas, «El Toledano», toreó en La Coruña y no solo una vez, sino en varias ocasiones. La primera de ellas fue en una Corrida de Beneficencia organizada por el Real Sporting Club el día 7 de agosto de 1892, en la que obtuvo tal éxito que fue contratado para otra corrida el día 21 del mismo mes. También toreó en esta ciudad posteriormente en ese mismo año y después en 1894.

Por otra parte, Picasso residió en La Coruña durante un breve período de tiempo, cuando solo era un simple estudiante.

Pues bien, las actuaciones en tierras coruñesas del torero novesano podrían resultar transcendentales en su biografía por los datos que siguen a continuación.

Gracias a Rubén Ventureira y Elena Pardo, autores del libro *Picasso azul y blanco. A Coruña: el nacimiento de un pintor* (Edit. Fundación EMALCSA. 2014. ISBN: 978-84-92715-93-0) sabemos que el genial pintor residió en La Coruña desde1891 a 1895 debido al traslado de su padre como profesor de dibujo a la Escuela de Bellas Artes de esta ciudad. Picasso contaba entonces con diez años de edad y durante su estancia en La Coruña se despertaron en él los sentidos, según dijo el mismo en 1969 al actor Fernando Rey.

La afición por los toros del pintor se manifiesta ya desde niño, como declaró él mismo mucho más tarde en una entrevista que le hizo Antonio Olano para *La Voz de Galicia* en el año 1960, en la que confesaba que de niño jugaba a los toros:

–¿*Toreó usted alguna vez?*

–*Sí* –contestó el pintor–. *De niño con los otros niños allá en La Coruña. Jugábamos con las chaquetas a los toros.*

La fiesta de los toros en La Coruña tiene menos nivel que en Andalucía, es evidente, y Picasso lo pudo comprobar en agosto de 1892.

Una tarde acudió en compañía de su padre a una corrida en la que participaba Feliciano Benayas «El Toledano», y allí realizó unos apuntes posiblemente del natural, o quizás de memoria al llegar a casa.

Son tres dibujos: uno, titulado *La corrida y seis estudios de paloma*, donde un torero sufre una voltereta (como le sucedió al Toledano en el segundo de la tarde). En otro dibujo, llamado *Escena taurina,* se ve a un subalterno corriendo delante del astado para ponerlo en suerte, y en un tercer dibujo titulado *El último toro* se ve a un toro con media estocada echando sangre por la boca (igual que el tercero que lidia El Toledano).

Dibujos realizados durante la corrida de toros celebrada en La Coruña en agosto de 1892. *(Picasso Azul y Blanco. A Coruña: el nacimiento de un pintor, de Rubén Ventureira y Elena Pardo. p. 65).*

Con estos datos es de suponer que Picasso asistió a la corrida de nuestro paisano y la visión del espectáculo pudo inspirar a quien ya era gran artista y un futuro genio.

En el curso 1892-93, Picasso ya se había matriculado en la Escuela de Bellas Artes donde enseguida destacó entre sus compañeros como un niño prodigio, pues todos eran mayores que él, con diferencia.

La genialidad del pintor queda de manifiesto desde el primer curso, pues obtuvo un sobresaliente con accésit, lo que suponía recibir un diploma. Esta era una noticia de cierta relevancia en el mundo cultural y se publica en *La Voz de Galicia* el 14 de junio de 1893.

La obtención de este diploma le permite participar en su primera exposición colectiva, donde se presentaban los mejores trabajos de los alumnos más destacados de la Escuela de Bellas Artes que según se publica en *La Voz de Galicia* el 19 agosto de 1893, dicha exposición durará tres días, el 20, 21 y 22 de agosto.

Quizás en estos momentos se estaba produciendo el nacimiento de un pintor, como muy bien afirman Rubén Ventureira y Elena Pardo en el sugerente título de su libro.

Detalle del dibujo «La corrida y seis estudios de paloma» (Agosto, 1892) *(Picasso Azul y Blanco. A Coruña: el nacimiento de un pintor, de Rubén Ventureira y Elena Pardo. p. 65).*

Este dato tan curioso, que en cierta forma relaciona a nuestro paisano con Picasso, quizás pueda llegar a conseguir que El Toledano sea más famoso y conocido de ahora en adelante por el hecho de haber servido de modelo involuntario e improvisado del genial pintor esa tarde mientras se celebraba aquella corrida. Hasta podría ser considerado como una especie de fuente de inspiración o motivación para el gran artista, que pudo haber influido o contribuido de alguna manera al despertar de sus sentidos durante esta etapa gallega que, aunque poco conocida, quedó patente y dejó huella en su obra posterior.

Y todo, gracias a la pasión que Picasso sentía por la fiesta de los toros.

HEMEROTECA CRONOLÓGICA

1887 – Plaza de Toros de Toledo. Cartel taurino del día 25 de julio de 1887: Feliciano Benayas «El Toledano», Isidro Grané, José Macedo y Pedro Fernández «El Chaval». (FIESTAS DE TOROS EN TOLEDO de Juan Moraleda Esteban, publicado en Toledo en 1907)

1889 – Plaza de Toros de Madrid. Torea Rafael Bejarano (Torerito) el día 31 de marzo que lleva de segundo, ó sea de sobresaliente, a Feliciano Benayas (Toledano). Revista taurina EL TOREO, número 764 del 1 de abril de 1889

1891 – El espada Feliciano Benayas (el Toledano) ha obtenido grandes ovaciones toreando y matando en las corridas que se celebraron el lunes y martes en Plasencia, siendo además obsequiado con varios regalos. Los toros, regulares. (EL PAIS, diario republicano progresista. Madrid, miércoles 10 de junio de 1891)

1891 – En Segovia se verificará el día de San Pedro una corrida de cuatro toros de muerte de la ganadería de D. Domingo Rodríguez que estoqueará el aplaudido diestro Feliciano Benayas (el Toledano). (Diario LA CORRESPON-DENCIA DE ESPAÑA. Madrid, miércoles 24 de junio de 1891)

1891 – Espectáculos para mañana. PLAZA DE TOROS.- A las 5 de la tarde. Gran corrida, de novillos.- Espadas: Francisco Vea (El Cojuelo), Manuel de Lara (Chicorro) y Feliciano Benayas (el Toledano). (EL DÍA. Madrid, viernes, 14 de agosto de 1891)

1891 – Plaza de Toros.- Corrida extraordinaria de novillos, en que el diestro Francisco Vea (el Cojuelo) matará un mogón (Se le dice así a la res vacuna que no tiene un asta o la tiene despuntada). El resto de la corrida está á cargo de Manuel de Lara (el Chicorro) y de Feliciano Benayas (el Toledano) ambos nuevos en Madrid; terminará la fiesta con cuatro novillos embolados y una magnífica exposición de fuegos artificiales. (EL HERALDO DE MADRID. Madrid, Viernes, 14 de agosto de 1891)

1891 – Al día siguiente también se anuncia la misma corrida extraordinaria de novillos en otros periódicos como DIARIO OFICIAL DE AVISOS DE MADRID y EL IMPARCIAL.

1891 – Crítica taurina *[...] el otro espada, Feliciano Benayas es la negación absoluta del toreo, le cogieron los toros, que más que toros eran chotos de dos años, un sin número de veces. Es un suicida que no tiene valor de pegarse un tiro y se ha metido a torero.* (Diario LA CORRESPONDENCIA DE ESPAÑA. Madrid, Domingo, 16 de Agosto de 1891)

1891 – Toros.- El pasado lunes y ayer martes se celebraron en Torrelaguna dos corridas de toros que estuvieron muy animadas. El ganado, de Granja, bien criado y de peso, resultó aceptable. Feliciano Benayas (a) Toledano, estuvo superior en ambas corridas, tanto en la capa como con el estoque, obteniendo muchos y merecidos aplausos. Este valiente y simpático diestro, que ha regresado esta mañana de Torrelaguna, telegrafió desde este sitio ayer martes, ofreciéndose á tomar parte gratuitamente en cuantas corridas se celebren á beneficio de los perjudicados por las inundaciones. (EL PAIS, diario republicano progresista. Madrid, miércoles 16 de septiembre de 1891)

1892 – La corrida que el día 7 del próximo Agosto celebrará la sociedad «Sporting Club» de la Coruña, va a resultar brillante. Se lidiarán toros de Carreras, que serán rejoneados por caballeros en plaza y muertos á estoque por el aplaudido diestro Feliciano Benayas «Toledano», muchacho valiente y arrojado al que le espera un bonito porvenir en el toreo. La fiesta, que por lo que se ve, tiene muy buenos alicientes y espera obtenerse un lleno en la plaza coruñesa. (DIARIO OFICIAL DE AVISOS DE MADRID.

Madrid, sábado 2 de julio de 1892)

1892 – La prensa de esta corte se ha ocupado de los festejos que en honor de María Pita han de celebrarse en esta provincia el próximo mes de agosto. Entre ellos nos ha llamado la atención la corrida que proyecta celebrar la Sociedad Sporting Club y los dos diestros que para la misma han sido contratados.

Los elogios que tanto la prensa periódica y taurina dedica tanto al rejoneador D. José Pérez como al espada Feliciano Benayas (a) Toledano no pueden ser más justos, ni más sinceros.

Yo he visto trabajar en esta Plaza al Toledano y podido apreciar las buenas condiciones que como espada reúne. Sabe ceñirse con la muleta y se arranca a matar desde corto y con una serenidad envidiable. Aún me parece estar presenciando la ovación que el público le tributó en este Circo en la última corrida que toreó. ¡Y cuidado que los de aquí no son aficionados exigentes que digamos! Es un muchacho que empieza bien su carrera taurina y llegará a ser un buen matador de toros.

Uno mi aplauso al de la prensa de esta capital y felicito al Sporting Club por la elección de ambos muchachos. (Manuel Pando y Trilles, 5 julio 1892. DIARIO DE AVISOS DE LA CORUÑA. Nº 10447. Domingo, 10 de Julio de 1892)

1892 – En el tren correo de anoche salieron para la Coruña el simpático diestro Feliciano Benayas (Toledano) y su cuadrilla, donde torearán el próximo domingo, del actual, toros de Carreras. (EL PAIS, diario republicano progresista. Madrid, viernes 5 de agosto de 1892)

1892 – Según telegramas recibidos de la Coruña, la corrida celebrada ayer domingo en aquella plaza satisfizo los deseos del público. Los toros de Carreras, todos de excelente lámina, resultaron bravos y de poder.

El espada Feliciano Benayas, el Toledano, estuvo pagando magistralmente con la muleta, y con el estoque entró á matar con guapeza y valentía.

El publicó tributó al espada merecidísimas ovaciones. La cuadrilla, muy trabajadora.

La comisión de festejos, visto lo mucho que ha gustado el trabajo del Toledano, le ha contratado para que toree otra corrida el día 21 del actual. (EL PAIS, diario republicano progresista. Madrid, lunes 8 de agosto de 1892)

1892 – El día 17 del actual se celebró en Brihuega una corrida de toros. Se lidió ganado del señor marqués del Pozo, que resultó aceptable. Feliciano Benayas (a) Toledano, estuvo muy bueno en los cuatro toros que estoqueó, escuchando «muchos aplausos y recogiendo infinidad do cigarros. El Salamanquino, mató al último toro regularmente. En la lidia de este toro sufrió este muchacho un puntazo leve en la pierna izquierda. (EL LIBERAL. Madrid, 21 de agosto de 1892)

1892 – El miércoles 17 del corriente se celebró en Brihuega una buena corrida de toros. Se lidiaron reses del señor marqués del Pozo que dieron bastante juego. El espada Feliciano Benayas (el Toledano) estuvo notabilísimo estoqueando cuatro toros, escuchando muchos aplausos y recogiendo infinidad de cigarros. El Salamanquino mató el último toro regularmente. En Brihuega no se ha presenciado una corrida en que el público saliera tan satisfecho como en la citada. El Toledano ha sido escriturado para la del año, próximo. (EL PAIS diario republicano progresista. Madrid domingo 21 agosto 1892)

1892 – Tres toros de la ganadería de D. Miguel Torres de Colmenar Viejo, con divisa azul y grana, que serán lidiados por la siguiente cuadrilla: Espada Feliciano Benayas (Toledano). Sobresaliente Manuel Corretera. Banderilleros Manuel Correera, Angel Monge (Mongino) y Carlos Gutiérrez (Morenito). Picadores Miguel Rodríguez (Miguelete) Eugenio López (Niño bonito) y Francisco J. Coca. Puntillero Antonio Suarez (Teorías). (LA VOZ DE GALICIA. La Coruña, jueves 25 de agosto de 1892)

1893 – Según El Noticiero, El Baluarte, El Diario de Avisos y La Avanzada, periódicos todos de Lorca, en las pasadas Pascuas se han dado en aquella población dos novilladas, que dejaron satisfechísimo al pueblo aficionado, Feliciano Benayas, Toledano, estoqueó con acierto las dos tardes, siéndole concedidas las orejas de todos sus enemigos, y alcanzando buena cosecha de palmas. Asegúrasenos que, en vista de su buen comportamiento, ha sido contratado nuevamente Feliciano Benayas. (EL HE-RALDO DE MADRID. Madrid, domingo 8 de enero de 1893)

1893 – Entre los lidiadores elegidos por la comisión de festejos para las fiestas de San Juan en Soria figura Feliciano Benayas el Toledano. (EL NOTICIERO DE SORIA. 3 de mayo de 1893)

1894 – Han sido ajustados para torear en la plaza de toros de Noya los aplaudidos matadores de novillos Feliciano Benayas (Toledano) y Manuel Samaba (el Herrero) con sus cuadrillas. (LA VOZ DE GALICIA. La Coruña, miércoles 19 de junio de 1894)

Cartel taurino. Plaza de Toros de la Coruña, 7 de agosto de 1892.
Picasso Azul y Blanco. A Coruña: el nacimiento de un pintor,
de Rubén Ventureira y Elena Pardo. p. 64.

1894 – Nos escriben de Vitoria que el conocido espada Feliciano Benayas (a) Toledano, fue muy aplaudido en la corrida del día 17 del actual, lidiando toros de Martínez, de Egea de los Caballeros. El Toledano demostró mucho valor y mucho arte. (EL LIBERAL. Madrid viernes 22 junio 1894)

1895 – La empresa murciana que tiene en arriendo la plaza de Alicante para las novilladas de este año ha contratado para alternar con el Jerezano en las corridas de inauguración que serán el 21 y el 28 de Abril, al valiente diestro Feliciano Benayas el Toledano. (EL DIARIO DE MURCIA. 19 de marzo de 1895)

1895 – Anoche en el correo de Madrid llegó con su cuadrilla el afamado diestro Feliciano Benayas Toledano, el cual estoqueará los cuatro toros anunciados para la corrida de esta tarde. Hemos visto a los cornúpetos y nos han parecido de condiciones, de libras y buena estampa. (EL ECO DE TERUEL. 2 de junio de 1895)

1895 – Ha sido contratado para torear en la plaza de Molina de Aragón el simpático valiente matador de novillos Feliciano Benayas (El Toledano) teniendo además contratadas dos en Alicante y dos en esta capital alternando con el Mancheguito y otras varias pendientes de ajuste con varias empresas. (DIARIO DE MURCIA. 16 junio 1895)

1895 – En la corrida verificada el día del Corpus en Molina de Aragón, el valiente novillero Feliciano Benayas (Toledano) quedó superior con la muleta y el estoque despachando sus dos toros de dos estocadas. (DIARIO DE MURCIA. 19 junio 1895)

1897 – El diestro Feliciano Benayas (Toledano) toreará en Briviesca en las próximas fiestas. (DIARIO DE BURGOS. 2 agosto 1897)

1898 – Corridas para el día de Santiago. En Novés se las entenderán con ganado del Campo de Salamanca Feliciano Benayas, el Toledano, y Pedro Martínez, Moreno. La corrida es a beneficio de una familia perjudicada por la guerra de Cuba, y uno de los toros será rejoneado por D. José Ruiz Pérez. (EL HERALDO DE MADRID. Madrid, jueves 21 de julio de 1898)

1899 – El domingo se lidiarán en esta plaza (Segovia) dos toros de muerte de una acreditada ganadería por el aplaudido matador Feliciano Benayas (Toledano) y su cuadrilla. Después se soltarán dos novillos para los aficionados. (EL ADELANTADO. Segovia, 30 marzo 1899)

1899 – Crónica de toros de las fiestas de San Juan:

«Toledano juega el capote y termina la suerte de rodillas»… «Bernal y Toledano parean por lo mediano»… «Bernal pone un buen par y escucha aplausos»… «Toledano pone otro saliendo trompicado volviendo con otro en su sitio»… «Toledano sacude el percal y lancea bien acabando con una Navarra. Palmas»… «Toledano sigue percalizando y termina la suerte de rodillas, sin duda quiere recordar sus antiguos tiempos»… (NOTICIERO DE SORIA. Soria. 1 Julio 1899)

1899 – El matador de novillos Feliciano Benayas ha toreado en Soria con gran éxito el 30 de junio y tiene contratadas otras varias corridas de toros. (LA CORRESPONDENCIA DE ESPAÑA. Madrid, 7 julio 1899)

1899 – Se han celebrado en Azpeitia dos corridas de toros con ganado que ha resultado muy bravo. Feliciano Benayas (Toledano) si bien estuvo la primera toreando y matado la segunda estuvo superior en todo habiendo sido ovacionado toda la tarde. La cuadrilla muy bien sobresaliendo «El Pollo». En vista de tan gran éxito ha sido contratado dicho matador para las corridas de

Valmaseda de los días 15 y 16 del corriente y los días 5 y 6 y 8 y 9 de septiembre en Cuenca. (LA CORRESPONDENCIA DE ESPAÑA. Madrid, 12 agosto 1899)

1899 – El día 18 del actual, con motivo de celebrarse la fiesta del Cristo en Yepes (Toledo), habrá iluminaciones y fuegos artificiales. También se celebrará una corrida, en la que matará tres toros de Colmenar el valiente diestro Feliciano Benayas, El Toledano. (LA ÉPOCA. Madrid, martes 12 de septiembre de 1899)

1899 – En Yepes (Toledo) el día 18 se dio en esta plaza una corrida de cuatro toros procedentes del campo de Salamanca. De matador con obligación de estoquear los tres toros de muerte, pues el último era de capea, iba Feliciano Benayas (el Toledano) y de sobresaliente Pedro Domínguez (el Sochantre) El ganado cumplió muy bien. El Toledano mató el primero de los toros de dos estocadas y el segundo da una estocada y un pinchazo.

Como el sobresaliente, el Sochantre, había agradado mucho al público toreando, saltando la garrocha y pareando al primero, se pidió al Toledano que le cediera el último toro y éste lo hizo así. Domínguez trasteó al bicho con mucha valentía y entrando á matar con fe remató á la res de media estocada tan buena, que bastó. El muchacho de Huelva fue muy festejado por la concurrencia, que en general quedó satisfecha del espectáculo. (EL ENANO-Suplemento. Madrid, 22 de septiembre de 1899)

1903 – Plaza Toros de Carabanchel. Mañana domingo se celebrará una corrida de novillos, en la que se lidiarán cuatro toros de D. Eulogio Oñoro, los cuales serán estoqueados y banderilleados por Ricardo Romero (Romerillo), Emilio Rodríguez (Guitarra), Feliciano Benayas (Toledano) y Nicolás García (Pollo). Después se correrán varios embolados. La corrida empezará á las tres en punto. (EL DÍA. Madrid, 24 de enero de 1903)

CRONOLOGÍA PROFESIONAL

1887. -Primera corrida documentada, en la plaza de toros de Toledo el día 25 de julio.

1889. -El 31 marzo torea de sobresaliente de espadas en la plaza de toros de Madrid.

1891. -Torea dos corridas de toros, los días 8 y 9 de junio, en Plasencia obteniendo un notable éxito.

-El día 24 de junio se anuncia la lidia cuatro toros en Segovia para el día de San Pedro.

-Día 15 de agosto debuta como novillero en Madrid junto al también debutante Manuel Lara (Chicorro).

-Días 14 y 15 de septiembre torea dos corridas en Torre-laguna a beneficio de damnificados por inundaciones.

1892. -Día 13 de julio, corrida de toros organizada por la entusiasta sociedad Sporting Club. Se lidiarán cuatro toretes por la sección taurina de la mencionada sociedad y dos toros de cuatro años que serán estoqueados por Feliciano Benayas, alias El Toledano, y rejoneados por el caballero en plaza Don Mariano Ledesma.

-Día 7 de agosto, en la Coruña, corrida de dos toros de cuatro años rejoneados por José Pérez y estoqueadas por Feliciano Benayas (Toledano) ayudado por los peones de su cuadrilla.

-Corrida de cinco toros en las ferias de Brihuega del día 17 de agosto del Pozo. Cuatro toros estoqueados por Feliciano Benayas «El Toledano» y el quinto por «El Salamanquino».

-El día 25 de agosto torea en la Coruña tres toros de la ganadería de D. Miguel Torres, de Colmenar Viejo, con divisa azul y grana.

1893. -El día 8 de enero lidia dos de cuatro toros en Lorca.

-En el mes de mayo es contratado para torear en las fiestas de San Juan de Soria.

1894. -El día 17 de junio torea en Vitoria.

-El día 19 de junio se anuncia en *La Voz de Galicia* que han sido ajustados, para torear en la Plaza de Toros de Noya en los días 24, 25 y 26 de agosto los aplaudidos matadores de novillos Feliciano Benayas (Toledano) y Manuel Samaba (El Herrero), con sus cuadrillas.

1895. -El 21 y el 28 de abril torea en Alicante.

-El día 2 de junio torea en Teruel.

-El día del Corpus (¿19 de junio?), en Molina de Aragón.

-En el mes de agosto toreó en Sigüenza.

1896. -En la plaza de toros de Murcia. Se anuncia que el Domingo de Pascua toreará Feliciano Benayas «El Toledano», entre otros.

1897. -En el mes de agosto se anuncia que toreará en la localidad de Briviesca en la celebración de sus fiestas.

1898. -Corrida en Novés, el día 25 de julio de 1898 a beneficio de damnificados en la guerra de Cuba. En la terna figuran Feliciano Benayas (Toledano) Pedro Martínez (Moreno) y el rejoneador José Ruiz Pérez.

1899. -En el mes de marzo torea en la plaza de Segovia.

-El 30 de junio torea en las fiestas de San Juan de la ciudad de Soria.

-Dos corridas de toros en Azpietia en el mes de agosto.

-Los días 15 y 16 de agosto torea en Valmaseda.

-Los días 5 y 6 de septiembre torea en Cuenca y repite el 8 y el 9 del mismo mes.

-El 18 de septiembre torea tres toros en Yepes (Toledo).

1903. -El día 8 de enero, cartel anunciador de una corrida de toros en la plaza de de Carabanchel (Madrid). Último dato conseguido referente a su actividad profesional.

CURIOSIDADES EN ARTÍCULOS DE PRENSA

La prensa no solo dedicaba halagos y parabienes a nuestro paisano novillero, también hubo algunas críticas negativas a tenor del siguiente artículo de prensa:

–Referido por un amigo nuestro leemos lo siguiente en el diario el Telegrama de anoche: Feliciano Benayas alias Toledano, contrató á Francisco Núñez para venir á lidiar en esta plaza, prometiendo recompensarle con diez duros. Aceptó el Núñez la proposición, y después de la primera corrida de toretes en que tomó parte, recibió de Benayas cuatro duros. Continuó con él en la fonda del Noroeste, establecida en la calle Real, hasta anteayer, sin haber cobrado más que otro duro. El mismo día partió el Toledano para Madrid, llevándose consigo el baúl de dicho joven. En cuanto éste tuvo conocimiento de la marcha de aquél, corrió hacia la estación, y habiéndole encontrado, le pidió que le pagase lo que le debía obteniendo por respuesta que él no se empeñaba por nadie. ¡Vaya un matador más atrevío! Como que la estocada es de rechupete y el bicho se quedó parao.

(LA VOZ DE GALICIA. Jueves, 01-09-1892)

También estuvo ilocalizable. ¿Qué sucedió; dónde estaba?

—Telegramas recibidos en el día de la fecha y detenidos en dicha oficina por no encontrar á sus destinatarios. – Sigüenza.— Feliciano Benayas Toledano — Argensola 15. Madrid 1° de Agosto de 1895.-El Jefe del Cierre, Jubrias.
(DIARIO OFICIAL DE AVISOS DE MADRID).

Madrid, viernes 2 de agosto de 1895)

–Telegramas detenidos. Bribiesca. — Feliciano Benayas —Argensola, 15, tercero. Madrid 30 de Julio de 1897 — El Jefe del Cierre, P. Martínez.
DIARIO OFICIAL DE AVISOS DE MADRID.
(Madrid, sábado 31 de julio de 1897)

PREGÓN DE LAS FIESTAS PATRONALES

(Novés, Septiembre de 2014)

Muy Buenas Noches a todos.

Señor Viceconsejero de la Junta; Señora Diputada Regional y Autoridades de los pueblos vecinos que hoy nos acompañan; Señor Alcalde, Concejales y Autoridades de Novés; Señoras y Señores, queridos paisanos. En primer lugar, quiero agradecer su presencia y enviar a todos un afectuoso saludo, al mismo tiempo que quiero ofrecerles también la más cordial bienvenida a estas fiestas que hoy comienzan, haciéndola extensiva a todos aquellos amigos y visitantes que nos honran con su asistencia.

Es para mí un privilegio y un honor tener esta oportunidad de poder dirigirme a todos ustedes como pregonero, oficio que ha cambiado mucho con el tiempo porque hace pocos años, quizás más de los que algunos quisiéramos, los pregones se daban a golpe de trompetilla con el famoso soniquete «Con permiso del Sr. Alcalde se hace saber...». De aquellos pregones Felipe el sacristán, que muchos de Vds. recordarán, era aquí en Novés todo un maestro, pero la cosa ha cambiado mucho y ya no es así. Ahora no es igual. Los pregones actuales consisten en anunciar la alegría de las fiestas y hacer saber los acontecimientos y las actividades que se van a celebrar próximamente, todas muy alegres y divertidas; además, ahora no se da por escrito lo que hay que decir, por lo tanto hay que recurrir a la inventiva, y por si fuera poco se crea mucha expectación porque todo el mundo espera algo nuevo, original y distinto, aunque en el fondo se venga a decir lo mismo, lo que complica aún más la situación. Pero a pesar de todo esto que digo, no deja de ser reconfortante, además de un privilegio y un gran honor, como he dicho antes, poder ser pregonero en unas fiestas patronales, y más aún si son las de tu propio pueblo, porque permite convertirse, aunque solo sea por un instante, en el portavoz de buenas noticias, tan necesarias en estos momentos un poco difíciles y complicados.

Puedo asegurarles a todos Vds. que cuando me comunicaron tan honroso nombramiento me sentí profundamente halagado y a la vez muy agradecido, pero al mismo tiempo un escalofrío recorrió mi cuerpo por el reto y la responsabilidad que supone convertirse en el representante y portavoz de todo un pueblo. Por ese motivo, para poder aliviar y suavizar un poco este envite y también para tratar de calmar otro tanto los nervios, con su permiso, quisiera permitirme la licencia de dirigirme a todos ustedes de una forma más coloquial, abierta y sincera.

Antes de nada, quiero presentarme, aunque seguramente casi todos ya saben quién soy, pero creo que es necesario hacerlo por cuestión de educación y también porque es seguro que alguien no me conoce todavía, porque el pueblo ha crecido mucho últimamente y por tanto habrá gente nueva. Además, desde hace más de treinta años vivo en Val de Santo Domingo, y aunque esta aquí al lado, muy cerquita, es posible que la gente más joven tampoco me conozca bien, aunque les suene mi cara.

Para disipar esas posibles dudas os diré que mi nombre es Segundo y soy novesano de nacimiento y de corazón. Soy hijo de D. Luis «el practicante» y de la Señora Emiliana, de los que me siento muy orgulloso. Mis apellidos, Benayas y Gómez-Caro lo dicen prácticamente todo de mí, porque son dos raíces que no pueden ser más novesanas, pues llevan aquí desde el siglo XVI, casi quinientos años nada más y nada menos. Por eso creo sinceramente que si puedo proclamar algo, decirlo con voz alta y clara, además de presumir y de sentirme orgulloso de ello, es llevar sangre novesana por los cuatro costados.

Como he dicho antes soy novesano de nacimiento porque nací aquí, a pocos metros de esta plaza, hace ya más de seis décadas. Aquí di mis primeros pasos y pasé mi infancia, también aprendí a correr, a reír y a jugar, y jugué aquí mismo en esta misma plaza a todos los juegos que antes había... Seguro que algunos de los presentes también os acordáis: al guá, al rescatado, al bote... y, también, a la picotaina, a la nada, al calvo, a la peonza... Perdón, he dicho peonza y en realidad jugábamos a la rimpionza porque en Novés siempre se ha dicho rimpionza, y debe de seguir siendo así, ¡faltaría más!

Como digo, en esta plaza hemos jugado a muchas cosas y también mucha gente, por eso me da mucha alegría poder ver entre los presentes a compañeros de juego de entonces, ¡claro que sí!

¡Qué tiempos aquellos! ¿Verdad? Entonces, cuando éramos niños, no había chuches como se dice ahora, pero teníamos a la tía Lola que, por dos reales, te llenaba los bolsillos de pipas; luego estaban las piruletas, los chicles «Bazooka» y el regaliz del tío Toribio o de la tía Andrea.... Por cierto, que había unas cajitas que decían que era jalea real, aunque, ¡vete tu a saber lo que era!, pero confieso que a mí me gustaban mucho. ¡También había helados, los económicos de galletas y cómo no, los helados al corte que vendía el tío Alhucemas, pero esos eran más caros... ah!, y también las alcahueses, sí, sí... esta vez no me he equivocado y he dicho bien alcahueses, porque en Novés pocas veces se ha oído decir alcahuetes o cacahuetes; aquí siempre se ha dicho alcahueses; vamos, de «tola vida», aunque a algunos les suene raro o les extrañe.

¡Qué bonitos recuerdos!... Cuando se acercaba la feria los muchachos nos íbamos corriendo por la calle del Alamillo para ver cómo se montaba la plaza de los toros con palos y carros. Allí nos pasábamos toda la mañana hasta que alguien llegaba diciendo: «Han venido las barcas» y corríamos entonces a la plaza para ver cómo las montaban, mientras esperábamos con impaciencia que llegaran también, el tiro al blanco, el puesto de patatas fritas, el tío vivo, la tómbola, el Güitoma... sobre todo, el Güitoma, porque eso era el no va más de lo que había entonces.

La mayor parte de mi juventud y adolescencia la pasé aquí en Novés. Fue la época de las partidas de billar con los amigos en casa de Consta o en el bar de los Hermanos, de aquellas sesiones el sábado por la noche y el domingo por la tarde en el cine Moliné, en donde siempre ponían música del Dúo Dinámico y de los Cinco Latinos, una y otra vez, mientras esperábamos que empezara el No-Do.

En esta edad en la que ya estabas hecho un mozo, como se decía entonces, empezabas a mirar a las chicas y los domingos por la tarde, después del cine, te ibas con los amigos a rondarlas al baile de la Victoria o de Tiburcio; habéis oído bien, he dicho a rondar porque entonces no se ligaba, se rondaba, no sé si era porque alrededor del baile siempre había madres haciendo rondas de vigilancia o porque las chicas hacían grupitos en turnos que rondaban entre ellas varias veces,... quizás para despistarnos o volvernos locos, no lo sé. Todavía tengo dudas.

Imaginaros la escena. Un salón de baile, bien iluminado, por cierto, rodeado de sillas ocupadas por madres vigilantes. En una esquina, el corrito de las chicas, siempre cuchicheando y echando risitas. En otra esquina el corrito de los, vamos a decir pretendientes, porque los que se daban por vencidos y los más tímidos se iban al ambigú y de allí no se movían. Los chicos observaban y vigilaban con el cuello estirado sin perder de vista a su objetivo. Empezaban a tocar los Roky, que era el conjunto local, y esperábamos a que las chicas hicieran parejas para preparar la estrategia de ir a sacarlas,… según las preferencias. Entonces era muy importante elegir compañero, pues te jugabas las calabazas, sobre todo si a la que tú ibas había cambiado de pareja en esa pieza. Ahora me diréis, ¿se podía ligar así? No, claro que no, ¡así era muy difícil! Cuando se lo cuento a mis hijos me miran incrédulos como si fueran cosas mías, pero seguro que aquí hay muchos testigos que pueden jurar lo que yo digo. Y seguro que también aquí hay alguno que hasta pagó la ronda porque era forastero y venía a por una novesana, así que, ¿se rondaba o no se rondaba?

Pero a pesar de todas estas pegas, trabas o problemas, los bailes de Novés llegaron a ser famosos, y si no que se lo digan sobre todo a los de Portillo y a los de Fuensalida, que acudían en bandadas. Eran casi una plaga. Los llamábamos los conguitos porque llegaban a cientos. Pero tengo que decir en honor a la verdad, que muchos de ellos terminaban siendo casi novesanos, algunos lo fueron y otros lo son del todo, porque si algo tiene a gala nuestro pueblo es de ser un buen anfitrión que acoge bien a todo aquel que llega con buenas intenciones.

Pero sigo con los bailes. Para intentar escapar un poco del control al que nos sometían en ellos, a veces hacíamos guateques, al principio también con vigilancia, ¡cómo no!, pero luego poco a poco fueron mejorando las condiciones, no en vano estábamos en la década de los sesenta, que por algo se llamó prodigiosa porque afortunadamente se iba evolucionando, eso sí sin exagerar, lentamente, porque, por ejemplo, en Semana Santa se cerraba todo, el cine, el baile, y tampoco se podían hacer guateques. No quedaba más remedio que ir a pasear hasta el cerro los Curas a intentar seguir ligando porque parecía que había menos control, aunque en realidad, si se piensa bien lo que se podía hacer entonces, era poca cosa... A decir verdad, casi nada... pero, ¿cuántos kilómetros habremos hecho paseando por la carretera? ¿Os lo imagináis? Ni se sabe. Seguro que dan para ir y volver a Madrid, por lo menos. ¡Y algunos, hasta dos veces!

No creáis que siempre era así de aburrido, durante la Feria nos resarcíamos, porque se traían los mejores grupos de la comarca: los T.L.D., los Jair, los Exteleson, y hasta recuerdo una Feria que fue memorable y que seguro que muchos todavía recuerdan, porque debido a la competencia entre los bailes de la Victoria y de Tiburcio, ese año vinieron a Novés nada más y nada menos que los Chichos y Fórmula V, que era lo último del momento a nivel nacional... ¡Total ná! Fue todo un acontecimiento para Novés.

Pero los años pasan y me fui a Madrid a estudiar, luego vino la mili, mi primer trabajo en la capital y, aunque vivo en Val de Santo Domingo desde que me casé, tuve la suerte de poder trabajar muchos años en Novés, en la Caja, y a pesar de que luego me trasladé por motivos laborales nunca he dejado de venir por aquí. Os aseguro que he visto muchas ferias gracias a Dios y espero seguir viendo muchas más si Dios quiere, así que imaginaros la cantidad de anécdotas que he vivido y que podría contar. Claro que eso le sucederá a todo el mundo, porque si hacemos caso al dicho popular, cada uno cuenta la feria según le va.

No quiero ser pesado, y tengo que abreviar porque no tenemos mucho tiempo y estoy hablando demasiado de mí, aunque para terminar os contaré una anécdota más, solo una, la última. Cuando me fui a Madrid a estudiar había una broma que siempre me gastaban: «En Novés estáis ciegos»… «En Novés no veis»… «en Novés un tuerto es un rey», y cosas por el estilo. Es una broma muy frecuente que seguramente a más de uno le ha sucedido cuando ha salido fuera, no solo a mí, y la verdad es que a veces llega a molestar, a mí sí, algunas veces por lo menos; así que decidí contraatacar y para ello me informé todo lo que pude sobre mi pueblo, sobre nuestro pueblo, y hasta llegué a escribir un libro como algunos sabéis, de tal forma que cuando alguien se ponía un poquito pesado con la dichosa bromita terminaba por contarle de pe a pa la historia de Novés, para que se enterara bien, que aquí también tenemos tanta categoría como el que más y nuestro orgullo. ¡Por supuesto que sí!

Y además remataba con esta cuarteta que me inventé:

QUIEN TIENE SUERTE DE SER
ESPAÑOL Y TOLEDANO,
MÁS FORTUNA HA DE TENER
SI HA NACIDO NOVESANO.

Pues bien, aprovechando que tengo la información, que estamos entre paisanos y amigos, y que la ocasión lo requiere, os voy a contar nuestra historia, la de nuestro pueblo, la de Novés, pero de una forma un tanto especial, muy resumida y espero que al mismo tiempo sea también entretenida y amena. Lo diré de un modo que no es habitual ni frecuente, a mi manera, como yo lo vivo y

como lo siento, como mejor sé decirlo, o al menos eso
pienso, vosotros lo juzgaréis, escuchando como lo cuento:

Hay un pueblo toledano
que no es villa, sino lugar,
donde yo tuve la suerte
de ver mi vida comenzar.
Aquí, me parió mi madre,
en él aprendí a caminar,
y jugué en la plaza de niño
a todo lo que se podía jugar;
también fui quinto, y puse el mayo,
y a las mozas fui a rondar,
pero por cosas del destino…
a otro pueblo fui a parar,
y por eso soy afortunado
porque puedo asegurar
que, aunque soy de donde vivo,
nunca voy a renunciar
del pueblo que me vio nacer,
y también correr, reír y jugar,
porque lo llevo en el alma
y aquí también tengo mi hogar.

El pueblo se llama Novés,
se encuentra en el Retamar,
lo nombro para que conste
y nunca se pueda olvidar,
porque aunque es pueblo pequeño,
hay que tener presente
que tiene una larga historia
y es cuna de buena gente.

Cuentan que fueron judíos
los que hicieron aquí asiento,
en este mismo lugar,
hace mucho, mucho tiempo.
Según dicen las crónicas
de algunos historiadores,
tres siglos antes de Cristo,
llegaron los fundadores,
y aún los hay más osados
que no dejan de afirmar
que fueron lo propios griegos
los primeros en llegar.
Aquí vivieron romanos,
visigodos y musulmanes...
y según cuentan leyendas
también hubo hasta chamanes...
mas quedaron pocas huellas
de todos los visitantes,
pues los nuevos al llegar
destruían lo de antes.

Cuando era rey Juan primero,
en tiempos de la Edad Media,
se produjo en este pueblo
una terrible tragedia.
Debido a una epidemia,
la población fue diezmada
quedando solo cincuenta
y tuvo que ser repoblada,
por eso, aquí se juntaron,
los judíos y los cristianos,
con los llegados de fuera
llamados foramontanos,

y es seguro que entre ellos
hubo buena relación,
porque al cabo de unos años
aumentó la población;
población que conservó,
–y conserva todavía–
apellidos con el nombre
del lugar que provenían:
de Solórzano, o de Rozas,
de Valtierra y de Marrón,
de Burgos, de Avila, y Sorianos
que ilustran la información.

Cuando el tiempo fue avanzando
su economía aumentó
y Novés de sus cenizas
como Ave Fénix, nació.
Lo mismo creció el comercio,
progresando día a día,
debido a la existencia
de una comunidad judía;
y también había una feria
muy famosa y conocida
que alcanzó gran importancia
y fama reconocida,
se celebraba en Septiembre
en tiempo de sementera
siendo pues, muy concurrida
por toda la comarca entera.
Son estas mismas fiestas
que hoy aquí celebramos
y que quizás por nostalgia
La Feria, todavía la llamamos.

Aquí vivió Lope de Vega
en el siglo dieciséis,
y también del gran Garcilaso
referencias tendréis.
Hubo familias notables
que tuvieron Señorío,
Rivadeneira y Padilla,
mostraron su poderío.
Mariscales de Novés
orgullosos se llamaron,
mas las guerras comuneras
su suerte y su sino, cambiaron.

En el siglo diecisiete
era un pueblo emprendedor,
y su industria de la lana
alcanzó gran esplendor,
contándose sus telares
en mucho más de setenta,
había cardadores, peinadores,
y batanes …¡más de treinta!
además de artesanos y maestros,
había oficiales… ¡más de ciento!,
con aprendices y mujeres...
¡llegaban a mil quinientos!
La producción que se hacía
era toda artesanal
exportando sus productos
a Galicia y Portugal.
Era una industria importante.
Compraban sus paños aquí
personajes influyentes
de la Corte de Madrid.

Llegó el siglo dieciocho,
siglo de la Ilustración,
que trajo muchos problemas
y años de revolución
que afectaron a la industria,
al campo y a la ganadería,
perjudicando al progreso,
al bienestar y a la economía.

Los problemas no cesaron,
aumentando en progresión
hasta inicios de otro siglo,
con la terrible invasión
del ejército francés,
que ocupando toda España
expoliaron nuestros bienes
con pérfida mala saña.
El desastre que ocurrió
tras esta infame indecencia,
llevó a Novés a la ruina
y a una franca decadencia.
Tras la derrota francesa,
no dejó de haber intentos
de superar las desgracias
de aquellos malos momentos
y nacieron nuevas fábricas:
de mimbres, de fieltros y de tejas,
de chocolates, de mazapán,
también una de tinajas…
pero el siglo diecinueve
trajo más revoluciones,
otra guerra, enfrentamientos…

y muy pocas soluciones,
y para colmo de males
comenzando el siglo veinte
una guerra fratricida
nos arrastró a la pendiente.

De nuevo ocurrió el desastre
y el pueblo observa impotente
cómo de forma constante
se va marchando su gente.

Así fue pasando el tiempo
y llegaron años muy duros,
el pueblo se despoblaba,
y su futuro era muy oscuro…
Pero iniciado otro milenio,
ya en el siglo veintiuno
la esperanza ha renacido,
¡que no lo dude ninguno!,
pues se abren horizontes
a nuevos tiempos, soñados,
¡ojalá que alcancemos
el esplendor del pasado!
Novés es hospitalario
muy alegre y muy jovial,
que acoge bien a la gente,
sabe reír y disfrutar.
Como novesano, ¡yo lo aseguro!,
que este pueblo sabe celebrar
numerosos días de fiesta
de una forma singular,
y si alguien cree que exagero
o que quisiera engañar,

que no dude en visitarlo
y lo podrá comprobar.

Hoy comenzamos la Feria
y puede ser un buen día
de comprobar lo que digo
por si alguien no se fía.
Iniciaremos los actos
con ánimo y con ilusión
en honor a San Miguel Arcángel
que es nuestro santo Patrón
Habrá pólvora y verbenas,
también tío vivo, y atracciones
y dianas floreadas
con charangas y canciones…
no faltará algodón de azúcar,
los churros, las golosinas,
los castillos hinchables,
y el tiro con carabinas,
habrá muchos kioscos,
y puestos… y chiringuitos
donde acuden los más jóvenes.
También hay cochecitos,
y muchos bares y terrazas
para poder frecuentar
reuniones con amigos
donde beber y alternar.

No podemos olvidarnos
de la figura más bonita
de nuestra querida patrona
de nuestra Virgen Morenita;
Ella no puede faltar

a disfrutar de estos días
y vendrá desde su Ermita
radiante y llena de alegría,
porque todos la esperamos
con respeto y devoción,
con el corazón abierto
para recibir su bendición
y Ella siempre nos responde
con un gesto bondadoso
protegiéndonos a todos
bajo su manto Milagroso.

¡Gracias, Madre del Cielo!
¡Gracias, Virgen de la Monjía!,
protege siempre a Novés
y danos salud y alegría.

Tengo que ir terminando
mi discurso versificado;
espero que no haya sido
muy aburrido ni pesado.
Quiero agradecer a Vds.
su atención y su paciencia
para mí ha sido un honor
dirigirme a tan distinguida audiencia;
pido perdón por los errores
que sin duda he cometido,
pero lo he hecho con cariño
por eso, su comprensión pido.

Y ahora sí, llegó el momento
de cumplir mi obligación
y tal como me encargaron
os voy a dar mi pregón:

¡Novesanos!... ¡Novesanas!
¡Forasteros y visitantes!,
escuchad con atención
esta noticia importante:
Con permiso del Sr. Alcalde
se hace saber a todos en general
que las fiestas de este año
están próximas a comenzar.
Recibidlas con ilusión,
con buen humor y con alegría
y junto a familiares y amigos
disfrutad mucho estos días.

Acoged a todo el que venga,
de verdad y de corazón,
que este pueblo tiene fama
de ser un buen anfitrión.

Reíd, bebed, cantad y bailad,
que reine la buena armonía
y gritad: ¡Viva San Miguel!
¡Viva la Virgen de la Monjía!

¡¡Muchas Gracias!!

UN CRUCIFIJO MIGUELANGELESCO EN NOVÉS

En marzo del año 2019 se celebró en Novés la I Jornada histórico-cultural organizada por la Cofradía de la Preciosísima Sangre con el título «De Roma a Novés: sus orígenes».

En dicha jornada intervino el historiador Antonio José Díaz, en una conferencia sobre el descubrimiento de tres nuevos crucifijos posiblemente miguelangelescos. La expectación e interés que había despertado en Novés la citada conferencia era muy grande, puesto que uno de los crucifijos descubiertos se encuentra en Novés.

El citado historiador comenzó su disertación para centrar la atención en el Renacimiento, época que corresponde a la elaboración de los nuevos crucifijos descubiertos. Durante dicho Renacimiento se recupera la escultura clásica greco romana de la antigüedad y busca en sus composiciones la belleza de la anatomía humana. Un cuerpo proporcionado y con sensación de movimiento es considerado como el canon de perfección.

Esta corriente artística nace en Italia durante el siglo XV con un movimiento conocido como Quattrocento y alcanza su plenitud en el siglo XVI con el período denominado Cinquecento. Los grandes centros del arte se localizan sobre todo en Roma y Florencia, a donde acuden artistas de toda Europa para conocer y estudiar las técnicas de los grandes artistas del momento.

Uno de los más grandes artistas del Renacimiento y de toda la historia del arte es Miguel Ángel Buonarroti (1475-1564) conocido universalmente por su nombre de pila: Miguel Ángel.

Hay constancia y certeza de que existen algunas obras atribuidas a Miguel Angel que salieron de Italia, como afirma Francisco Pacheco: «*Miguel Ángel, clarísima luz de la pintura y escultura, hizo para modelo un crucifixo de una tercia con cuatro clavos que gozamos hoy. El cual traxo a esta ciudad –se refiere a Sevilla– vaziado en bronce Juan Baptista Franconio valiente platero en el año 1597 y después de haber enriquecido con él a todos los pintores y escultores, dio el original a Pablo de Céspedes, racionero de la Santa Iglesia de Córdoba».*[7]

No es de extrañar, por tanto, que se haga con verdadero interés una búsqueda de obras del genial artista por distintos lugares donde supuestamente se podrían encontrar puesto que se ignora su paradero.

Hasta ahora solo se conoce la existencia de una obra de la mano del genial artista en España, que se encuentra en Úbeda (Jaén). Se trata de una escultura de 1,40 m. de altura conocida por San Juanito, que ha sido restaurada recientemente (año 2015) a partir de catorce trozos que quedaron tras su destrucción durante la Guerra Civil española.

Recientemente también se atribuye a Miguel Ángel un crucifijo de marfil que se conserva en la abadía de Montserrat.

No obstante, tal y como afirma Pacheco, la influencia del maestro Miguel Ángel creció y permaneció en una serie de efigies de un Cristo crucificado, totalmente desnudo, con la cabeza caída sobre el pecho inclinada hacia la derecha, un cuerpo anatómicamente propor-cionado y perfecto, de caderas estrechas, con el vientre

---

[7] Pacheco, Francisco. *Arte de la Pintura su antigüedad y grandeza.* Año 1649. p. 611.

hundido y pecho sobresaliente, un modelo que ha dado en llamarse crucifijo miguelangelesco.

La búsqueda de crucifijos de estas características por toda España ha dado como resultado la aparición de una veintena de ellos debidos en su mayoría a diversos artistas que siguieron la estela del maestro Miguel Ángel; algunos de estos artistas fueron españoles que viajaron hasta Italia para conocer *in situ* la obra del genial artista y seguir sus pasos.

En la parroquia de Novés se conserva un crucifijo con estas características, que bien pudiera ser considerado una verdadera joya de arte. Según la definición de sus descubridores, esta pieza es un tesoro que «*Tallado en madera, reúne rasgos de acusado manierismo en sus formas y una delicada factura que lo hace pieza de singular belleza y de probable procedencia italiana*».[8]

En un reciente estudio de Nicolau y Díaz, este crucifijo puede ser catalogado perfectamente como uno de los denominados migelangelescos.

En dicho estudio se da a conocer la localización de tres nuevos crucifijos en la provincia de Toledo, donde se detallan sus características formales, que inducen a los autores vincularlos a modelos miguelangelescos realizados en el último tercio del siglo XVI.

Dos de ellos fabricados en bronce y conservados uno en el convento de agustinas «Gaitanas» de Toledo y otro en una colección particular. Un tercero está trabajado en madera de caoba densa y muy dura, pleno de novedades, que se encuentra en la iglesia parroquial del pueblo toledano de Novés.

---

[8] Nicolau Castro, Juan / Díaz Fernández, Antonio José (2017): «Tres nuevos crucifijos miguelangelescos». En: *Archivo Español de Arte*, vol. 90, núm. 359, Madrid, pp. 219-228. doi: 10.3989/ aearte.2017.14

De este último se hace especial referencia.

Crucifijo en madera. Iglesia parroquial de San Pedro Apóstol. Novés (Toledo)

 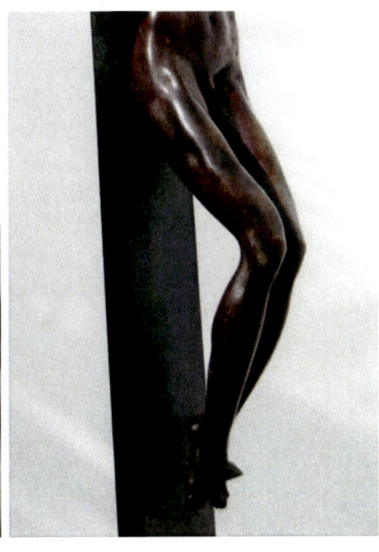

Detalle del torso y cabeza.　　Detalle del clavado de piernas.

Según los autores del estudio, el crucifijo novesano es especialmente novedoso y bien pudiera estar relacionado con la Cofradía de la Preciosa Sangre y Vera Cruz y, por tanto, con la Semana Santa de Novés.

Su detallado estudio presenta muchas novedades. En primer lugar, está tallado en madera de caoba muy pulida de tono rojizo en el que se observa una posible policromía anterior a ciertas restauraciones a las que pudo ser sometido en algún momento. Esta circunstancia ya indica cierta excepcionalidad pues la mayoría de los crucifijos encontrados están realizados en bronce o en marfil.

En cuanto a la restauración a la que se alude, probablemente se produjo en 1968, cuando se recogió para mostrarlo en una exposición diocesana de arte sacro organizada por el Arzobispado de Toledo y dirigida por el padre José Carlos Gómez-Menor, aunque lo cierto es que dicha exposición al final no se llevó a cabo.

Detalle frontal

Una particularidad destacable de esta pieza es su tamaño, porque se trata de una pieza con unas dimensiones algo mayores de las que solían ser las más habituales en estas efigies y que, en terminología de la época, se definían como de tamaño *«piccolo»* porque eran dedicadas especialmente a la devoción privada o para la decoración de algunos ciborios o sagrarios.

Lo más habitual es que estas efigies tengan un tamaño algo mayor de 20 cm., sin llegar a superar los 30. Sin embargo, esta pieza de Novés tiene 36 cm. de alto por 34 cm., de mano a mano, lo que no deja de ser una excepción interesante.

También, una de las novedades más destacada es su esbeltez. La figura de Cristo está concebida bajo un concepto manierista en el que se alarga el cuerpo, sobre todo desde la cadera hasta los pies. Este manierismo tan acusado es semejante al que utilizó el Greco, aunque en cierto modo no es nada extraño pues no en vano el pintor toledano también trabajó en círculos artísticos italianos del Cinquecento.

Su desnudez es total y la brevedad de los órganos sexuales es idéntica a la de otras figuras de cristos realizados en el último tercio del siglo XVI. La anatomía del cuerpo sigue modelos miguelangelescos conocidos y sus formas aparecen como difuminadas.

Otra novedad importante que presenta este crucificado es que no tiene los pies cruzados, sino que la pierna derecha se superpone a la izquierda y los dos pies están atravesados por un único clavo.

A la hora de situar el crucifijo en una escuela o autor determinado se supone que corresponde a una escuela italiana: *«…el crucifijo de Novés responde a modelos renacentistas que se trabajan en Italia en el último tercio del siglo XVI, buscando la belleza formal de la figura, contraria a los siglos precedentes en los que se busca la expresión hierática, o el retorcimiento del cuerpo dolorido del arte de los últimos siglos medievales».*[9]

En cuanto a la autoría existen muchas incógnitas y es muy difícil de determinar. Margarita Estella lo relaciona en el entorno de Guglielmo Della Porta, debido a las similitudes que presenta este crucifijo con otro tallado en marfil de una colección particular estudiado por ella, toda vez que, según afirma: *«la figura de Guglielmo Della Porta domina el panorama del desarrollo escultórico de Roma en el último cuarto del siglo XVI»*[10] de tal forma que bien pudiera relacionarse con alguno fabricado en uno de sus talleres, tanto es así que a la muerte de Della Porta se

---

[9] *Ibidem.*
[10] Estella Marcos, Margarita. *La huella de Guglielmo della Porta en obras de marfil en España.* 2015: 243-362.

encuentran más de cincuenta crucifijos en el inventario *post mortem*.

Entre la multitud de escultores que trabajan en esta época, destaca también un escultor llamado Giambologna, conocido también como Juan de Bolonia, que envió a España numerosos ejemplares en bronce con destino a la Corte o para algunos miembros de la alta nobleza como obsequios diplomáticos, cuya obra y la de su taller alcanza cierta similitud con la obra referida.[11]

Otros autores consideran especialmente cercano a este crucifijo toledano otro que cuelga de la cruz, íntegramente desnudo, aunque de anatomía menos hercúlea, conservado en la Geistliche Schatzkammer de Viena.[12]

Hasta aquí se han detallado los datos físicos y formales más característicos de este crucifijo y se ha tratado de situar al autor o su escuela, pero lo que no deja de ser curioso y enigmático para los descubridores de este hallazgo, es saber como pudo llegar hasta aquí una pieza tan exquisita tratándose de un lugar tan lejano y prácticamente desconocido.

Es posible que la única noticia documental de este crucifijo sea la que aparece en un inventario de la parroquia de Novés de 1911, en el que se dice que *«en la sacristía y bajo un dosel encarnado hay un crucifijo de madera»*[13], aunque la brevedad de la cita y de la descripción impiden asegurar que se trate de la misma obra aquí

---

[11] Coppel, Rosario. *Gianbologna y los crucifijos enviados a España*. pp. 201-214.

[12] Gasparotto, Davide. *«Crucifijo de Giambologna y la tradición florentina»*. Museo Poldi Pezzoli. Milán.

[13] Archivo Diocesano de Toledo. Inventario de 1911. Parroquias de Novés y San Silvestre.

estudiada. Su origen y procedencia, por tanto, sigue siendo todo un misterio.

En un primer momento se creyó tener resuelto el problema al relacionar esta pieza con D. Luis Crespí de Borja, obispo de Plasencia que murió en este lugar, en Novés, el 19 de abril de 1663 cuando iba de paso a la Corte. En su biografía, escrita por fray Tomás de la Resurrección en 1676, se dice textualmente que en su agonía el obispo: «...*se fortalecía con una imagen de Cristo Crucificado, que había heredado de Doña Juana Brizuela, su santísima madre»*.[14]

En principio se puede llegar a suponer que se trata de la pieza referida, dada la relevancia del personaje que, además, viajó varias veces a Roma, lo que concede cierta predisposición a suponer, también, que dicha figura fuera adquirida en alguno de sus viajes. De ser así, podría existir la posibilidad de que la referida pieza se quedara olvidada en Novés por alguna razón desconocida, aunque lo cierto es que esta hipótesis resulta poco probable ya que lo más seguro es que la familia tuviera en especial estima el citado crucifijo y resulta difícil considerar que en caso de olvido o extravío esta reliquia tan emblemática nunca fuera reclamada.

Otra posibilidad que puede resultar posible y en cierto modo creíble está relacionada con la Cofradía de la Preciosa Sangre y de la Vera Cruz fundada en 1532, cuyas ordenanzas fueron confirmadas en 1561. Entre su documentación se puede comprobar que la cofradía novesana, solicitó en 1587 a través de su procurador, el canónigo toledano doctor Juan Hurtado, que se le agregase a la

---

[14] Fr. Tomás (O.T.D.). *Vida del Venerable y Apostólico prelado D. Luis Crespí de Borja, Obispo que fue de Orihuela, y Plasencia.* Valencia, 1676.

archicofradía del Santo Crucifijo de la iglesia de San Marcello al Corso, de Roma.

Este hermanamiento se concedió el día 10 de junio de 1587 por el protector de la Archicofradía romana el cardenal Alejandro Farnesio, vicecanciller de la Santa Iglesia de Roma, que expide una bula en la ciudad Eterna mediante la cual la cofradía de Novés queda agregada a la cofradía romana.

Los autores no vinculan una relación directa de este crucifijo con la Cofradía de la Sangre, pero se preguntan: *«¿Pudo ser este hermanamiento y las relaciones que se establecieron posteriormente, el motivo por el que esta efigie llegara a la villa toledana? La falta de documentación y de alguna referencia que haga alusión a esta pieza en inventarios y documentos posteriores impide afirmarlo categóricamente».*[15]

La respuesta no puede ser una afirmación sobre la posible existencia de una relación entre el crucifijo y la Cofradía novesana de una forma fehaciente, aunque tampoco se puede descartar esta hipótesis categóricamente dada la relevancia de los personajes.

De la importancia del lugar y sus personajes en esa época se sabe que desde el siglo XV hay constancia de la presencia de importantes familias nobiliarias en Novés. Concretamente Diego Hurtado de Mendoza, Almirante de Castilla, deja en herencia la mitad de Novés a su hija Aldonza de Mendoza, duquesa de Arjona. Pasados los años, y tras algunos pleitos, se realiza una permuta y una venta por Íñigo López de Mendoza, I marqués de Santillana, hermanastro de esta señora, por lo que esta

---

[15] Nicolau Castro, Juan / Díaz Fernández, Antonio José (2017): «Tres nuevos crucifijos miguelangelescos». En: *Archivo Español de Arte*, vol. 90, núm. 359, Madrid, pp. 219-228. doi: 10.3989/ aearte.2017.14

mitad de Novés pasaría a formar parte del patrimonio de Fernando Díaz de Rivadeneira, Mariscal de Castilla y Señor de Caudilla. También pertenece a la familia Rivadeneira doña Guiomar Carrillo, que tan importante papel jugó en la vida del poeta Garcilaso de la Vega, la cual, además, estaba muy relacionada con Novés.[16]

En el siglo XVI la familia Padilla, a la que perteneció el célebre comunero Juan de Padilla ajusticiado en Villalar en 1521, poseía la otra mitad del término y lugar de Novés[17].

Aunque no se puede confirmar totalmente la identidad del canónigo Juan Hurtado, quien intervino en el hermanamiento de las cofradías, bien podría tratarse de don Juan Hurtado de Mendoza, nacido en 1548, hijo de Diego Hurtado de Mendoza y de María Mendoza, marqueses de Cañete. Aparece nombrado como Juan Mendoza, que fue deán de la catedral de Toledo y arcediano de Talavera, creado cardenal por Sixto V de mano del arzobispo toledano Gaspar de Quiroga en 1587 con el título de Santa María in Traspontina, de Roma, en cuya ciudad falleció en 6 de enero de 1592, y cuyo cuerpo fue depositado en el templo de la Compañía de Jesús hasta su traslado al monasterio de San Francisco de Guadalajara.[18] Además, otro personaje como Juan Gómez Bolonio, clérigo de Novés, comisario del Santo Oficio de Toledo, capellán de la capilla de Reyes Nuevos de la catedral de Toledo y tesorero de la colegiata de Talavera, coincidió en la catedral primada con don Juan de

---

[16] Vaquero Serrano, Carmen / López de la Fuente, Juan José. (2010): *Los Ribadeneira: la familia de D.ª Guiomar Carrillo*, Toledo.

[17] Molénat, J. P.: Campañas en los Montes de Toledo durante los siglos XII al XV.

[18] Fernández Collado, Ángel. *La catedral de Toledo en el siglo XVI*.

Mendoza, relación que también pudo contribuir a la traída del Crucifijo.[19]

El otro gran personaje involucrado de alguna manera en esta hipótesis es el cardenal Alejandro Farnesio *«Il Gran Cardinale»* figura clave de la cultura romana del siglo XVI, reconocido gran mecenas y protector de todas las artes y artistas entre los que se encontró el Greco. Demostró predilección por las artes decorativas con objetos de tamaño reducido como la *«urna Farnese»*, el espléndido Libro de Horas pintado por el miniaturista Giulio Clovio, algunos candelabros y cristos crucificados de los que se sabe que compró varios.

En 1571 Della Porta realizó un crucifijo para el Cardenal Farnesio, quien en una carta agradeció *«un trabajo tan digno y realizado con tanto estudio y diligencia por una mano tan perfecta como la suya».* Es posible que este crucifijo sea el destinado por el Cardenal Farnesio para colocar en el altar mayor de la basílica vaticana, por ser la obra cumbre de la orfebrería del Cinquecento, realizada por los orfebres Manno Sbarri y Antonio Gentili sobre modelo de Guglielmo Della Porta[20].

Como se puede ver, la existencia de personajes ilustres en esta época relacionados con Novés era notable; por tanto, no es desdeñable que alguno de ellos tuviera posibilidad de haber intervenido de alguna manera en la adquisición, obtención o de intervenir al menos en la llegada de una pieza tan valiosa a nuestro pueblo. Seguramente, medios e influencias no les debieron faltar.

La presentación en Novés del estudio de Juan Nicolau y Antonio José Díaz sobre el descubrimiento de este Cristo

---

[19] *Ibidem.*
[20] Gasparotto, Davide. «Crucifijo de Giambologna y la tradición florentina». Museo Poldi Pezzoli. Milán.

miguelangelesco durante la celebración de la I Jornada Histórico Cultural organizada por la Cofradía de la Sangre con el título «De Roma a Novés, sus orígenes», sin duda aumentó un sentimiento popular de creer que el crucifijo descubierto estaba relacionado íntimamente con dicha Cofradía y, por tanto, con la Semana Santa novesana, pero no hay que confundir los deseos con la realidad, por lo que es necesario volver a insistir que esta es una hipótesis que no se puede sostener por falta de documentación sobre el tema.

Fig. 1. Crucifijo de bronce. (Giambologna).

Fig. 2. Crucifijo de Novés.

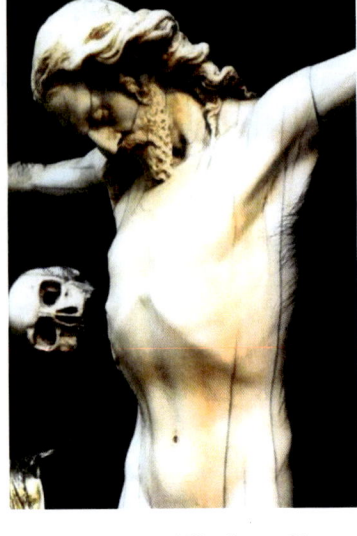

Fig. 3. Crucifijo de Novés

Fig. 4. Crucifijo de marfil.
(Della Porta)

Fig. 1. Imagen: Crucifijo de Giambologna. Geistliche Schatz-kammer. Viena. Gasparatto, Davide. «Crucifijo de Gianbologna y la tradición florentina». Museo Poldi Pezzoli. Milán.

Figs. 2 y 3. Imagen: Crucifijo de Novés. Nicolau Castro, Juan / Díaz Fernández, Antonio José (2017): «Tres nuevos crucifijos miguelangelescos». Archivo Español de Arte, vol. 90, núm. 359, Madrid, pp. 219-228. doi: 10.3989/ aearte.2017.14

Fig. 4. Imagen: Crucifijo de Della Porta (colección particular). Estella, Margarita M. «La huella de Guglielmo Della Porta en obras de marfil en España». Archivo Español de Arte. Vol. 88, num. 351. julio-septiembre 2015, p. 245 ISSN: 0004-0428, eissn: 1988-8511 doi: 10.3989/aearte.2015.15.

LA FÁBRICA DE PAÑOS Y BAYETAS DE NOVÉS

Sobre el comienzo de la fabricación de paños en Novés no hay certeza porque, como se dice en las memorias de Larruga, esta actividad se conoce desde tiempo inmemorial, no así la fabricación de bayetas que, según la misma fuente, tuvo su inicio en 1682 de la mano de Melchor Lorenzo, vecino de este lugar.

A pesar que el citado Melchor Lorenzo fue el primero que introdujo en Novés la fábrica de bayetas y que gracias a sus enseñanzas y ejemplo estimuló a otros vecinos suyos a practicar lo mismo, de la misma manera que propició que se extendiera al poco tiempo a otros lugares de la provincia de Toledo, él y su familia vivieron pobres y dependieron nada más que de sus manos para mantener su sustento.

El único beneficio personal que obtuvo fue conseguir 300 ducados de la Corte en calidad de préstamo y, sin embargo, como bien afirma Larruga: *«si nos parásemos un rato a considerar los beneficios que este artesano propició a muchas familias que gracias a la manufactura de paños consiguieron evitar la miseria además de proporcionar beneficio también para el Estado por los tributos que se pagaban al Rey en sus consumos y fuéramos agradecidos como sería justo serlo, ¿qué elogios deberíamos hacerle? Sin embargo hasta ahora nadie ha hecho memoria de él»*[21].

El presente ensayo pretende ser un reconocimiento póstumo y tardío, a un personaje que tanto aportó no solo a su pueblo, sino a varios pueblos vecinos y a otros lugares

---

[21] Larruga, E. *Memorias políticas y económicas sobre los frutos, comercio, fábricas y minas de España*. Tomo IX. Madrid, año 1790.

más apartados y repartidos por toda la provincia de Toledo sin que pudiera llegar a conocer en vida el mérito que sin duda mereció por haber sido un verdadero emprendedor en su época.

La trascendencia que alcanzó la industria lanera en Novés fue muy importante, hasta el punto de que la calidad de los paños que aquí se fabricaban gozaba de un prestigio similar a lo que hoy se podría equiparar con lo que se ofrece con el sello de Denominación de Origen. Tal es así que los consumidores se referían a ellos como *paños de Novés* para distinguirlos de los demás.

Como hemos dicho, la fabricación de bayetas en Novés comenzó a finales del siglo XVII, alcanzando su mayor auge y esplendor en el siglo XVIII. Sin embargo, a finales de ese mismo siglo comenzó una lenta decadencia que poco a poco terminaría con tan floreciente industria hasta llegar a desaparecer por completo en el siglo XIX sin dejar el más mínimo rastro.

Para tratar de comprender el efímero éxito de la industria lanera en Novés y las causas que motivaron su desaparición de una forma definitiva comenzaremos con una breve exposición sobre los inicios de la industria textil y su evolución en Toledo, su provincia y toda Castilla en general con datos obtenidos de Ángel Santos Vaquero[22], para situarnos en el contexto adecuado.

---

[22] Santos Vaquero, A. *La industria textil lanera en Toledo y su provincia.* Diputación Provincial de Toledo. Año 2011.

Foto de un telar que aparece en la portada del libro *La industria textil lanera en Toledo y su provincia,* de Ángel Santos Vaquero.

LA INDUSTRIA TEXTIL LANERA EN CASTILLA

Desde el siglo XI se establecen artesanos y mercaderes *«de floreciente vida mercantil e industrial desde la dominación musulmana que prolongan sus tradiciones tras la reconquista.»*[23]

A partir del siglo XIII se produce una expansión de la industria textil con cierto grado de desarrollo y ordenamiento en Toledo. A pesar de todo ello, en Castilla solo se producían paños ordinarios de baja calidad y en poca cantidad.

---

[23] García de Cortázar, J. A.: *La época medieval. Historia de España.* Alianza, Madrid, 1974.

Dos eran las causas principales de esta situación. Por una parte, la exportación de lana merina a Italia y Flandes, que se hacía en grandes cantidades y dejaba el mercado interior sin la suficiente materia prima de calidad, y, por otra, el retraso de la economía castellana en cuanto a organización técnica en la práctica mercantil e industrial con respecto a Europa, sobre todo comparada con Países Bajos, Inglaterra y Francia.

Esta situación no dejaba de ser contradictoria y al mismo tiempo aberrante, pues se compraban paños fabricados en el extranjero con la lana que se llevaban los mercaderes extranjeros lo que producía como consecuencia no solo una enorme pérdida para España al quedar todo el beneficio de la producción en manos extranjeras, sino un aumento de pobreza en la población, que veía cómo se le privaba la posibilidad de ganarse el sustento lo mismo a hombres que a muchas mujeres.

Existía una fuerte competencia de los paños y tejidos extranjeros que eran de mejor calidad y más baratos, porque podían ser adquiridos no solo por quienes tenían un alto poder adquisitivo, sino también por las clases más humildes. Por todo ello era necesario que la industria castellana hiciera un mayor esfuerzo para conseguir un mejor acabado y ofrecer mayor calidad en sus productos.

EXPANSIÓN A PRINCIPIOS DEL SIGLO XVI

A partir del siglo XV se produce un impulso y un importante desarrollo en la fabricación de tejidos de lana de mayor calidad y finura, así como un aumento de la producción nacional. Esta producción industrial más moderna y el progreso técnico tienden a concentrarse en las ciudades, como sucede en Toledo, donde aparecen unas ordenanzas donde se dice *«los texedores que texen de la obra primera es a saber de los pannos primeros contra fechos de pannos de Francia»*[24] en clara alusión a conseguir una forma de producción homologable a la europea para poder competir con los tejidos venidos de fuera.

A principios del siglo XVI Toledo alcanza su mayor desarrollo económico debido a su capitalidad y a sus cerca de 60.000 habitantes. Esta riqueza industrial y prosperidad del comercio ofrecía riqueza y daba de comer a numerosas personas gracias, entre otras, a la industria textil que aportaba diversas labores: *«dos géneros de manufacturas sobresalían en Toledo en esta época* (año 1520) *tanto por el número de sus artesanos como por la riqueza que generaban: la de la lana y la de la seda, pues daban de comer a tejedores, tintoreros, pelaires, tundidores, peinadores, cardadores y bataneros (arte de la lana) y tejedores, tintoreros, torcedores, cordoneros y pasamaneros (arte de la seda) a los que habría que añadir los bordadores, sastres, jubeteros, roperos, etc. Según un memorial elevado por el cabildo de jurados del Ayuntamiento de Toledo en 1575 apelando al rey contra el aumento de alcabalas, estiman que entre diez mil y veinte mil personas pobres vivían de la industria textil (seda y paños) en la ciudad, a la que se traían las materias primas de fuera.»*[25]

La industria textil llegó a alcanzar tanto incremento en las ciudades que no podían absorber el número de talleres

---

[24] Izquierdo Benito, R. *La industria textil de Toledo en el siglo XV*. Talavera, 1989.

[25] Montemayor, J. *La seda en Toledo en la Época Moderna.* En *España y Portugal en las rutas de la seda: diez siglos de producción y comercio entre Oriente y Occidente.* pp. 120-132.

por falta de espacio y se extendió por localidades circunvecinas, donde las gentes del campo veían incrementados sus ingresos gracias al trabajo en las labores de la lana. Esta expansión también se vio favorecida, en parte, porque los tejidos que se labraban en los pueblos no tenían el riguroso control de los veedores de los gremios y mercaderes de las ciudades y podían tejer los paños al margen de las ordenanzas gremiales.

CRISIS A FINALES DEL SIGLO XVI Y EN EL SIGLO XVII

El traslado de la capitalidad a Madrid produce la decadencia de la ciudad imperial de manera lenta y paulatina. Al perder el influjo económico de la Corte se produjo una fuerte emigración no solo de funcionarios de la administración y personas con cargos influyentes, sino también de comerciantes y artesanos, que traería consigo el cierre de talleres, paro laboral y un empobrecimiento general de la clase social media de Toledo.

A este problema habría que añadir la crisis generalizada y extendida por toda Europa. Las fábricas españolas no tenían capacidad de suministrar los géneros suficientes que necesitaba el mercado peninsular y americano. Esta escasez era debida a que sus acabados resultaban más caros que los productos importados, debido a diversas circunstancias como la falta de adaptación de los gremios a las nuevas técnicas y necesidades del mercado, o a las excesivas cargas fiscales sobre la producción y su comercio, a lo que había que sumar los altos precios de la lana merina. Así pues, los productores de lana preferían exportar porque obtenían mayores beneficios olvidándose de la industria nacional, que quedaba desabastecida o bien con las materias primas muy caras por su escasez.

Todo ello fue aprovechado por los comerciantes extranjeros para introducir productos más baratos y hacerse de esta manera dueños del comercio en España y sus colonias. La reacción del Estado fue prohibir las importaciones de manufacturas extranjeras en los años 1657, 1677, 1684 y 1691 sin conseguir ningún resultado positivo. Los economistas de la época se dieron cuenta de que la solución para desarrollar la industria nacional no consistía en suprimir la competencia exterior, sino más bien en eliminar las barreras aduaneras interiores que con sus impuestos perjudicaban más a los productos nacionales porque tributaban más que los extranjeros, ya que el fisco estaba pensado para recaudar dinero y no para favorecer la industria.

Las consecuencias de aquellas prohibiciones fueron contrarias a lo que se esperaba porque disminuía el comercio legal y aumentaba el contrabando, provocando una gran pérdida para las arcas del Tesoro Público.

A finales del siglo XVII ya se aprecia una corriente reformista que contemplaba favorecer la industria española a través de subvenciones y, sobre todo, de exenciones fiscales.

En el año 1679 se crea por Real Decreto la Real y General Junta de Comercio, para restablecer y aumentar el comercio general de España y en esta misma disposición se añadía que todo aquel que lo deseara podría poner fábricas de paños y otras de cualquier tipo textil sin necesidad de pasar el examen gremial en los cuatro oficios de tejedor, tundidor, cardador o tintorero, que eran obligatorios y preceptivos hasta el momento para ejercer el oficio directamente.

Se ofrecía una serie de privilegios en los sistemas de producción a técnicos extranjeros para que se instalasen en nuestro país y se les daba facilidades para la adquisición de materias primas y para la venta de sus manufacturas, así como ayuda y protección, semejantes a todo lo ofrecido a artesanos españoles.

En 1681, el Consejo de Hacienda propuso, entre otras, las siguientes medidas para aliviar a los productores:

- Supresión de todos los tributos creados con posterioridad a 1656.
- Aminorar los impuestos sobre artículos de primera necesidad (tasas conocidas como sisas municipales).
- Hacer un nuevo encabezamiento de las alcabalas (10% sobre las ventas) porque los pueblos no podían pagar el que existía.
- En una Real Cédula se prohíbe que sean embargados por deudas civiles los telares, tornos y demás utensilios que fueran precisos y necesarios para la industria textil.
- Se suprime la incompatibilidad entre nobleza y el mantenimiento de fábricas de sedas, paños, telas y cualquier tejido, si bien con la condición de que no se labrase o hubiera labrado personalmente en ellas.

Con estas medidas se observa un deseo de adaptación a las nuevas técnicas y procedimientos extranjeros, especialmente en ciudades de la periferia como Valencia y Barcelona que tenían más contacto comercial con el resto de Europa, y se realizan imitaciones o se implantan fábricas promovidas por artesanos extranjeros venidos a España. Al poco tiempo esta corriente innovadora llegó al interior de la península y se extendió por toda España.

La recién creada Junta de Comercio procurará ayudar y proteger a la industria en general y a algunos maestros artesanos y fabricantes en particular que pretendían innovaciones prácticas, siempre que se motivase el progreso y crecimiento de nuestra decaída industria para poder competir con la extranjera que prácticamente tenía dominada nuestra economía.

Era una política positiva, aunque no siempre acertase en buscar fórmulas modernas y adecuadas para dar solución al problema industrial de España. Uno de los fines perseguidos era establecer fábricas en todas las actividades para regenerar la economía nacional y alcanzar el prestigio que la nación requería, por eso una de las primeras medidas adoptadas por los gobiernos ilustrados fue crear nuevas fábricas por medio de subvenciones estatales para poder producir artículos que hasta ese momento eran considerados de lujo ya que era necesario importarlos del extranjero al no existir fabricación propia.

LA INDUSTRIA LANERA EN NOVÉS

En el año 1682, con este clima reformista e innovador recién creado, Melchor Lorenzo comienza a fabricar en Novés paños a imitación de los que se hacían en Inglaterra y Alconchel, considerados en ese momento los de mejor calidad.

Dado el interés, cuidado y aplicación que había empleado en el empeño de imitar las bayetas logró conseguir muy buena calidad hasta el punto de hacer muy difícil hallar diferencia entre ellas.

El fabricante novesano realizó un memorial detallando la técnica empleada en su fabricación, y con algunas piezas de las que había trabajado en su taller se dirigió a la Corte para solicitar de S.M. Carlos II una serie de condiciones que pudiesen favorecer la elaboración de sus bayetas dada la buena calidad que había conseguido.

Pedía que no se le aplicasen más tributos de los que correspondían, para poder mantener e incluso aumentar la producción argumentando también que era de consideración la utilidad y recursos que tal fabricación aportaba a los pobres que se ocupaban de la fábrica.

Para ello solicitaba la exención de ciertos tributos durante diez años y un empréstito de 300 ducados para comprar lana ofreciendo seguridad y garantía de ellos.

Que durante esos diez años se permitiese la libre entrada de sus productos en la Corte y en los sitios que se consumiesen bayetas labradas en su taller.

Que se concediese a sus bayetas un consumo preferente sobre las extranjeras haciendo constar por testimonio que procedían de su fábrica, pues eran de tan buena calidad como las de Inglaterra.

La Junta de Comercio examinó estas pretensiones y las elevó a los Ministros de la Corte para que al mismo tiempo se ofreciera al gremio de mercaderes de paños un empréstito de 500 ducados por dos años para adquirir los nuevos paños, pero dado que los mercaderes de tiendas preferían las prendas extranjeras para revenderlas al por menor con mayor beneficio que las fabricadas en nuestras propias fábricas no se consiguió nada, según consta en la consulta que la Junta de Comercio hizo al Rey con fecha 21 de julio de 1685.[26]

No obstante, en 1687 cuatro vecinos de Novés decidieron seguir los pasos de Melchor Lorenzo y establecieron nuevas fábricas de paños del tipo Alconchel solicitando a S. M. las mismas exenciones y prestamos que tenía Melchor Lorenzo. En esta ocasión, el rey Carlos II rebajó el préstamo que dio al primero y concedió 200

---

[26] Larruga, E. *Memorias políticas y económicas sobre los frutos, comercio, fábricas y minas de España*. Tomo IX. Madrid, 1790.

ducados para cada uno de los cuatro, pero la exención de derechos fue de diez años en las bayetas que fabricasen igual que al antedicho.[27]

La franquicia se hizo general a todos los fabricantes que tenían telares corrientes, obteniendo así financiación para mantener, y aumentar las fábricas. Gracias a estas medidas en la fabricación de bayetas, en Novés se afianzó y se extendió después a otras partes de la tierra de Toledo, pero sin que ninguna pudiera alcanzar la perfección conseguida en este lugar.

Preocupada la Junta de Comercio para que los fabricantes de las nuevas bayetas no tuviesen problemas con el abastecimiento de lanas y evitar el excesivo encarecimiento de su precio debido a que eran acaparadas por revendedores de lana para sacarlas fuera del reino, estableció un sistema para controlar los precios y el contrabando.

Impuso que los dueños de las lanas tenían que registrar ante las justicias de los lugares de donde fuesen vecinos su producción, para que no pudiera ser vendida hasta que se diese notificación de dicho registro a los fabricantes de Novés y demás pueblos del territorio de Toledo donde se fabricasen bayetas, para que estos tuviesen preeminencia en su compra y solo en caso de que no las quisieran por no tener necesidad, pudieran disponer sus dueños libremente de ellas después de ocho días de su notificación al registro.[28]

---

[27] Santos Vaquero, A. *La industria textil lanera en Toledo y su provincia. Diputación Provincial de Toledo*. 2011.
[28] *Ibidem.*

Los telares en el siglo XVII. Telar de la casa Gassia.
(Ecomuseo de los valles de Aneu).

Los que se aplicaron en mantener telares fueron causa de desprecio de los demás vecinos, especialmente de los labradores y ganaderos con intereses opuestos al comercio y la industria.

Por esta causa fue expedida una Real Cédula por orden de Carlos II en estos términos: *«El Rey.- Por quanto habiendo reconocido que las fábricas de bayetas del lugar de Novés, similadas á las de Inglaterra, se hallan en el número de telares que de algunos años á esta parte, sin haber conseguídose el aumento que tanto se deseaba para mayor benefició del común, y que debiera hoy tener, mediante la aplicación á estas fábricas que algunos vecinos, de dicho lugar han puesto, contribuyendo de su parte con el caudal y trabajo necesario para el logro de fin tan importante: Y para que dichas fábricas continúen en el aumento que tanto conviene, teniendo presente su importancia, y el mérito que hacen los que se aplican á este exercicio; visto en la Junta de Comercio, que mandé formar en la posada del, Conde de Monterrey y consultádoseme he resuelto, que á todos los fabricantes, que al, presente son y adelante fueren del dicho lugar de Noves, se les tenga en toda estimación para los oficios de república en el estado que gozan, y que precisamente todos los años se nombre un fabricante por Alcalde, Regidor ú otro oficio igual del Concejo.*

Y para que, así se efectúe, por la presente mando. Fecha en Madrid á 8 de Junio de 1692.- YO EL REY.- Por mandado del Rey nuestro Señor. Don Juan Gutiérrez de Arce=Señalada de los de la Junta de Comercio»[29].

En otra Real Cédula de ese mismo año se nombra a Francisco Hernández y a Sebastián de Fuentes, vecinos de Novés, *«veedores de la fábrica de bayetas para reconocer su calidad y excluir la que no lo fuere según la ley que le corresponde, con la condición de que dichos veedores acudiesen a la Corte una vez al mes para informar de los telares existentes, la fabricación de bayetas y lugares en los que se llevaban a vender»*[30].

El resultado del primer informe realizado por dichos veedores en el año 1692 fue el siguiente: 19 telares, en los que se ocupaban 89 oficiales, 798 mujeres y 19 aprendices, sacaban cada año 636 bayetas en jerga que vendían en Madrid, lo negro á 14,50 reales la vara, y lo blanco á 13,50 reales.

El número de personas empleadas por cada telar era de 5 hombres (uno para peinar el estambre, dos para cardar la trama y otros dos para tejer). En cuanto a mujeres, se necesitaban por término medio seis para descadillar (quitar las cardillas a las lanas), hacer canillas y enroelar (urdir las bayetas y tejerlas), otras 6 para hilar la trama en torno y 30

---

[29] Larruga, E. *Memorias políticas y económicas sobre los frutos, comercio, fábricas y minas de España.* Tomo IX. Madrid, año 1790.
[30] *Ibidem.*

para hilar el estambre en rueca, lo que hace un total de 42 mujeres.

En total, cada telar necesitaba por término medio 47 personas y como los telares existentes eran 19 en Novés, se deduce que proporcionaba trabajo a 893 trabajadores, de los cuales más de 400 eran de fuera del pueblo.

Desde que Melchor Lorenzo había comenzado con un telar el número de estos había aumentado hasta llegar a 19 en solo diez años, que proporcionaban trabajo a casi 900 personas (la gran mayoría de ellas mujeres, que eran casi el 90%) lo que pone de manifiesto el avance experimentado por la industria lanera en Novés.

EL AUGE DEL SIGLO XVIII

La fabricación de bayetas finas del tipo de Alconchel se fue perfeccionando en Novés al mismo tiempo que se extendía a otras partes del país gracias a las franquicias y ayudas recibidas, dado que estos beneficios se hicieron extensivos a todos los que tenían telares corrientes. Esta situación permitía acumular un capital para seguir manteniendo la fábrica. Con el paso del tiempo se acababan las franquicias y al faltar esas ayudas y ser mayores las contribuciones reales, se percibía el temor de su decadencia, la entrada en crisis y hasta su desaparición.

Felipe V salvó este primer bache al inicio de su reinado y prorrogó las franquicias por cuatro años a través de una Real Orden firmada en el año 1700 con efectos retro-activos al 8 de octubre del año anterior.

La Junta de Comercio quiso conocer el estado de la fábrica de Novés en este año de 1700 y el resultado fue el siguiente: Existían 26 telares (13 corrientes y 13 parados por no tener sus dueños ni lana ni caudal para comprarla), las personas empleadas en ellos eran 676 (52 por telar), que los 26 telares pertenecían a dieciocho personas de las cuales solo ocho tenían cédulas reales de exención de tributos y que cada telar fabricaba al año 20 piezas de bayetas de 60 varas, imitando a las de Alconchel, necesitando cada uno 200 arrobas de lana.

En 1719, los telares corrientes que había en Novés eran 33. Todos ellos de bayetas finas de dos varas de ancho, imitando a las de Inglaterra, pero también se solían tejer en alguno de ellos paños ordinarios pardos, sin tintura alguna, para el gasto de los trabajadores.

Asimismo, se tejían paños entrefinos que llamaban de abrigo, de vara y media de ancho. Según los propios fabricantes estas bayetas finas no se podían mejorar en calidad, pero sí en el tintado de colores para lo que sería preciso mejorar los tintes.

Había también 6 telares de cordellates, jerguillas y otros géneros ordinarios, pero de estos géneros se fabricaba poco, pues la producción era preferentemente de las mencionadas bayetas finas. Existían asimismo en el pueblo nueve telares parados y de los 33 antedichos algunos dejaban de trabajar por temporadas por falta de capital.

En 1721 la población había aumentado a 400 vecinos (unos 2.300 habitantes) y los fabricantes manifiestan que se mantenían 38 telares, la mayoría de bayetas junto a otros de paños en los que se ocupaban muchos vecinos y casi todas las mujeres.

Asimismo afirman que: *los paños de la fábrica eran pardos, de vara y media de ancho, y se hallaban tan adelantados los gremios de dicho lugar en esta habilidad que el fabricante que se había querido esmerar en refinados, ó por especial encargo que se le hubiese hecho, que le permitía asegurar su despacho con la utilidad correspondiente, los fabricaba de la mas elevada calidad, y tales que los habían apetecido para vestirse de ellos los Excelentísimos Señores Duque de Pastrana, Conde de Lemus y otros, y si se contenían para labrar copia de paños de esta calidad era por la incertidumbre de su despacho y utilidades proporcionadas por la abundancia de los extranjeros.*[31]

Según la opinión de los fabricantes para superar la manufactura de sus bayetas, solo necesitaban poder imitar el gusanillo que hacían las finas llamadas «alconchelas», pues eran las únicas que aventajaban en finura y calidad a las que ellos fabricaban, pero como desconocían su secreto no lo podían ejecutar. Para ello era necesario que viniese alguien a enseñarles.

Si la fábrica de bayetas era solo de una suerte no era por falta de destreza de sus fabricantes porque podían competir sin complejos en calidad con las de Alconchel, sino por el miedo de que con la abundancia de su producción y de las extranjeras importadas no tuvieran la salida suficiente con la utilidad económica correspondiente. También y sobre todo por la falta de medios de los fabricantes.

Si las bayetas tenían pronta salida era porque se podían vender a bajo precio gracias a la prórroga de las franquicias y exenciones que se les venía concediendo. Las ropas se vendían en Castilla La Vieja, Galicia, La Mancha, Extremadura, Madrid, Toledo y sus tierras a un precio medio de 8 ó 9 reales/vara.

Las bayetas solo se fabricaban blancas y los paños pardos por falta de tintes, siendo preciso acudir a Toledo para dárselos, aunque había solo de bayetas y no para

---

[31] Larruga, E. *Memorias políticas y económicas sobre los frutos, comercio, fábricas y minas de España*. Tomo IX. Madrid, 1790.

paños. Para solucionarlo proponían a S.M. que se sirviera costear en Novés un tinte y un batán con 500 doblones de coste porque había agua necesaria en algunos parajes para ello y así se lograría mejorar a las fábricas que podrían dar todo género de colores a los paños y bayetas al mismo tiempo que S.M. obtendría mayor beneficio de los arrendamientos de dicho tinte y batán.

Advertían que la permanencia y el aumento de fábricas dependían únicamente de la libertad de las reales contribuciones y de las exenciones fiscales que permitían a sus fabricantes mantener los precios, aunque no sucedía siempre así; en Madrid, después de pagar las contribuciones correspondientes de Novés, se pagaba un 8% más por la entrada de bayetas que llevaban a vender allí con la consiguiente pérdida y el agravante de que era en ese lugar donde tenían mayor venta.

Se quejaban también de que habían observado en pueblos vecinos como la villa de Santo Domingo, distante una legua de este lugar y en otros lugares y pueblos contiguos no tan lejanos, que hacían paños diciendo que eran de Novés adulterando las hilazas para hacer tramas gordas cuando debían de ser delgadas, y dado que en estos lugares no había veedores que reconociesen los productos ni examinadores para señalar a los maestros y oficiales que entendieran para trabajar en sus fábricas, como se hacía en Novés, perjudicaba el prestigio poniendo en entredicho la calidad de sus productos. Para ello pedían que se prohibiese y castigara con graves penas la introducción de dichas hilazas.

Del mismo modo señalaban que las mejores lanas para sus paños y bayetas eran las de Talavera y su tierra por ser entrefinas, pero sus productores las introducían en Portugal a través de pueblos vecinos de Extremadura, a veces de contrabando, causando desabastecimiento con el considerable aumento de los precios en la lana que conlleva.

Para tratar de solucionar todos estos problemas se pedía la redacción de unas ordenanzas que fueran convenientes para el buen régimen y gobierno que sirvieran de regla para las fábricas que permitieran a su vez sancionar con graves multas su incumplimiento. Dichas ordenanzas se las encargaron a los fabricantes de Novés. Así lo hicieron y fueron presentadas a la Junta de Comercio que las aprobó el 12 de mayo de 1724.

Dichas ordenanzas se desarrollaban en 111 capítulos, donde se especificaba desde la materia prima que había que utilizar hasta las normas y formas de fabricación, se vigilaba y controlaba la calidad del producto procurando que el origen de fábrica quedara visiblemente reconocido y se proponía una administración y control lo más imparcial y objetivo posible regulando las sanciones en caso de incumplimiento:

-ítem... que la lana que se ha de echar en estos paños, ha de ser pelidelgada de tierra de Talavera ó del campo arañuelo fina y de la mejor suerte que se pueda y no lo cumpliendo así el que se hallare fabricado de esta calidad se le pene en quatro mil maravedises aplicados por tercias partes, como dicho es.

-ítem... que estos paños docenos han de tener 1200 hilos de pie y se han de urdir con 12 cañones de enrodado en dos telas de á 25 liñuelos cada una de á 24 hilos.

-ítem... que estos paños se texan en peyne y astilla de 11 quartas de ancho, de fino á fino, y mas las orillas y hallándose texido en peyne de menos marca, se corte lo que hubiese texido para que no se prosiga en él y la astilla sé rompa de forma que no pueda servir por no poderse enmendar el defecto.

-ítem... que el paño se urda de 8 ramos, de á 5 varas cada uno que hacen 40 varas y no de mas ramos, porque no se podrá abatanar bien.

-ítem... que estando tejido el paño, le espinzarán en una mesa, y le quitarán todos los nudos, hilachos, y cadillos antes que vaya al batan, y llamarán á los veedores para que lo registren y vean si está bien obrado.

-ítem... en atención á estar prevenido, que ningún paño doceno ó catorceno, ni bayeta dieciochena ó veintena se pueda vender sin estar reconocido y sellado por los veedores.

-ítem... se han de mandar hacer 2 sellos, el uno de ellos ha de tener por el un lado un león y castillo y por el otro las cinco letras de que se compone el lugar de Noves.

-ítem... cada uno de los que se juntaren en secreto elija ó proponga los 8 texedores que de ellos les pareciere mas inteligentes, para que se propongan á la real Junta de restablecimiento del comercio y que de estos 8 se sirva elegir a dos para veedores, uno para subveedor y dos para diputados.

-ítem... que los tales veedores hayan de sellar las ropas de todas las fábricas y las del subveedor y diputados y que el subveedor y diputados lo executen con las de los veedores, pena de 600 maravedises aplicados por tercias partes como dicho es.[32]

En 1731 se prorrogó por otros 5 años la exención de alcabalas y cientos en la primera venta de sus géneros.

En 1734 había en Novés 64 fabricantes que mantenían en sus casas 48 telares anchos corrientes de paños y bayetas, 7 angostos para estameñas, cordellates, jerguillas, y lienzos; 12 perchas para sacar el pelo á las bayetas; 2

---

[32] Larruga, E. *Memorias políticas y económicas sobre los frutos, comercio, fábricas y minas de España*. Tomo IX. Madrid, año 1790.

bancos de tundir donde se perfeccionaban los paños. Se ocupaban diariamente 408 personas, entre maestros, oficiales y aprendices y muchas mujeres de todas las edades se ocupaban en el hilado de tramas en más de 500 tornos que había en el lugar para hilar tramas de estas ropas.

Hubo nuevas prorrogas en 1736 y en 1744. En este último año destacaba la gran habilidad del fabricante Pedro Solana en imitar las bayetas inglesas: *«era tanta que nadie quería creer que sus bayetas estuviesen fabricadas en Nóvés».*[33]

Maqueta de un telar del siglo XVIII construida por Antonio Lara Villodres. (www.artetormentaria.es)

En 1755 la fábrica de Novés mantenía 40 telares corrientes, más otros 11 parados por el excesivo precio de la lana y daba empleo a 1.500 personas. Se fabricaban anualmente 800 piezas de paño y 2.800 de bayeta.

---

[33] *Ibidem.*

Según los alcaldes, la existencia de esos once telares sin ejercicio se debía a diversas circunstancias: la inclemencia del tiempo en años anteriores que había producido la muerte de abundante ganado lanar, por lo que se vendía la lana a precios muy altos, el incremento del valor del aceite y el jabón, necesarios para labrar las ropas, la poca estimación de estas…

Los fabricantes de Novés auguraban una mayor decadencia si continuaban cobrándose en algunos pueblos de señorío de Castilla la Vieja derechos de alcabalas en contra de la disposición de la real gracia concedida a estas fábricas, como sucedía en Peñaranda y en otras villas, con el pretexto de ser los señores de dichos pueblos dueños de las mismas y a pesar de que los vendedores portasen las reales cédulas de estar libres de pago. Era un quebranto importante, ya que en estos pueblos se vendía la mayor parte de su producción.

En diciembre de 1757, a la vista de una nueva petición de prorroga de franquicias por parte de los fabricantes de Novés porque ya habían finalizado las que tenían concedidas el año anterior, se ordena una nueva inspección a la fábrica de lana.

La visita fue realizada por los alcaldes ordinarios Francisco Gil de Rozas y Manuel Gómez Caro, los regidores Antonio Gil de Rozas, Diego Gil de Rozas, Sebastián de Arteaga y José Rubio Rondero y los veedores Manuel de la Fuente y José Rubio Esteban, que firmaron su informe con la fe del escribano Eugenio Ruiz de Vivar.

En dicho informe se contabilizaron: 53 telares de ancho (50 en ejercicio y 3 en paro técnico) para tejer paños y bayetas, 6 telares de angosto para estameñas, jerguillas, cordellates y colchas de lana. Se labraban bayetas veintidosenas en lo que respecta a las blancas y dieciochenas en lo tocante a las de color. En cuanto a paños se labraban docenos, catorcenos y dieciochenos. Había en ejercicio continuo 16 perchas para sacar el pelo a las ropas, 3 bancos de tundir para la perfección de los paños, unos 600 tornos para hilar las tramas, pues los pies de las bayetas que son de estambre, se hilaban todos ellos fuera de Novés por no haber en el pueblo quien lo pudiera ejecutar y se llevaban a pueblos circunvecinos de la Sagra, la Mancha y otras partes.

Tal y como estaba la fábrica se venían a tejer al año unas 2.000 piezas de bayeta y 900 de paño consumiendo en este trabajo unas 3.000 arrobas de aceite, 2.500 de jabón y 22.000 de lana. No se contabiliza lo producido por los telares de angosto pues era solamente para consumo interno.

Se solicitarían nuevas prorrogas de franquicias en 1759 y en 1779 que la Junta de Comercio acuerda conceder a los fabricantes de bayetas y paños de Novés con la emisión de la Real Cédula correspondiente.

A pesar de las dificultades que encontraban en la concesión de franquicias, los industriales laneros padecían otra clase de problemas derivados del desabastecimiento de la matera prima y en consecuencia el alto coste que alcanzaba la lana.

Los industriales de Toledo y su provincia compraban la lana que necesitaban bajo distintos sistemas a comerciantes o mercaderes de la capital. A quienes se lo permitía su caudal la compraban al contado o con pago diferido, algunos de ellos a largo plazo. Los menos afortunados la obtenían a cambio de géneros ya tejidos; es decir, que trabajaban por encargo de aquel que les proporcionaba la materia prima, quien de esta manera obtenía doble ganancia, en el precio de la lana y en el del género confeccionado, quedando una mísera parte para el productor.

Así podemos ver que en agosto de 1759 Sebastián Rubio, de Novés, compra a Matías García y Cía, de Toledo, 74 arrobas de lana de la tierra a 46 rs/@. (total 3.404 rs.). El importe lo pagaría en bayetas blancas de las que se fabricaban en Novés, de buena calidad. El precio se regulaba a 8 rs. y 30 mrs. cada vara de bayeta.[34]

Aquí se puede apreciar el fuerte contraste de los precios. Mientras que el precio de la lana se incrementaba en más de un 30% (el precio medio era de 35 rls/@), el de las bayetas disminuía en la misma o mayor proporción (el precio medio era de 14 rls/vara) lo que perjudicaba ostensiblemente al fabricante.

El día 28 de noviembre de 1781, la justicia de Novés recibe una orden de la dirección general de rentas por medio del Intendente en estos términos *«para que restituyese á los fabricantes de texidos de lana los derechos, que les habia exigido desde primero de Enero de 1780, por razón de alcabalas de la venta de ropas de su fábrica, y que se suspendiese en lo sucesivo la exención que les estaba concedida por real cédula de 18 de Noviembre de 1779».*[35]

En ese mismo año, la fábrica de paños en Novés mantiene 40 telares corrientes, 16 de los cuales están parados y sin uso porque según manifiestan sus fabricantes: *«sobrecargados con derechos que no pagan los de otros pueblos, no podrían competir en los precios de venta de sus texidos á los de otras fábricas y seria consiguiente*

---

[34] Santos Vaquero, A. *La industria textil lanera en Toledo y su provincia.* Diputación Provincial de Toledo. Año 2011.
[35] Larruga, E. *Memorias políticas y económicas sobre los frutos, comercio, fábricas y minas de España.* Tomo IX. Madrid, año 1790.

la decadencia ó ruina dé las de Noves, y carecería su vecindario de todos los beneficios que producen las manufacturas»[36].

Unos años más tarde podemos ver en otras relaciones que *«Hay en este pueblo una fábrica de lana basta en que se fabrican bayetas y algunos paños y bayetones que llaman de Novés que fue establecida por un vecino particular habrá 170 años hace y prosiguen con ella en la misma forma y actualmente viene a tener como treinta telares corrientes que fabrican cada año como novecientas piezas de 100 brazas cada una porque en esta fábrica no haya inventos ni máquina alguna para facilitar los trabajos pues estos los hacen en la forma regular que siempre han usado»*[37].

Como se puede apreciar en dicha relación, la producción se ha reducido a 900 piezas porque se hace de forma manual, bastante alejada de las 2.900 piezas (2.000 de bayetas y 900 de paños) que se declaraban treinta años antes, como hemos podido ver.

Pero el inicio de la decadencia de la fábrica de paños en Novés tenía otras causas. En el último tercio del siglo XVIII comenzó a usarse el algodón en las prendas para usar, especialmente en verano, alcanzando fama un tejido conocido como muselina, que rompía con los estructurados vestidos llevados hasta entonces: *«aparecieron trajes sin teñir o con colores claros, como el conocido Gaulle o chemise à la reine, que puso de moda la reina María Antonieta a partir de 1780 y derivó después en los vestidos*

---

[36] *Ibidem.*
[37] López, T. *Relaciones geográficas*. Biblioteca Nacional. Sala Cervantes, mss. 7309 fol.260-271, año 1787.

de línea recta y cintura ceñida al pecho de inicios del siglo XIX.»[38]

Esta competencia por el uso de nuevos tejidos se ve reflejada en la obra *Los Alcaldes de Novés*[39] donde se pone de manifiesto el daño que causaba a sus fábricas de paños. Así podemos leer en uno de los diálogos: *«y añada usted que en Novés la fábrica de bayeta no sirve porque se van a Madrid o a Talavera a comprar la muselina y el dinero se lo llevan, y si no viene ¿de qué las fábricas aprovechan»...* y más adelante en este otro: *«y lo peor es que se pierde la fábrica de bayeta y en lugar de que nos traigan el dinero, se lo llevan.»*[40]

En ambos ejemplos queda patente la preocupación de los fabricantes de paños de Novés debido a la competencia que producía el nuevo tejido.

Sin embargo, posiblemente el error más grave cometido por esos mismos fabricantes que trajo consigo el hundimiento total de la floreciente industria de antaño consistió en que muchos de ellos decidieron hacer bayetas de inferior calidad, y mucho más grave aún fue la forma de fabricación de la misma pieza.

Por la parte de las orillas las tejían bien, pero por el centro las tejían más flojas y de peor calidad. Como las piezas se vendían enfardadas solo se descubría el fraude al desenvolverlas y quedar al descubierto dos calidades en la misma pieza: *«la una medianamente texida, y la otra absolutamente mala, sin tupidez, ni pelo que cubra sus*

---

[38] Hiscox España. (www.hiscox.es) Cuando moda quiere decir arte e historia.

[39] Ramón de la Cruz, R. (¿?). *Los Alcaldes de Novés*. Biblioteca Nacional. Sala Cervantes. (Ejemplar reproducido por Blas Sánchez, año 1784. mss/14596/1-35).

[40] *Ibidem.*

hilos. De aquí se evidencia la mala fe del fabricante; pues si él quisiere, así como la hace medianamente buena por aquella parte de la orilla, ó quarta que le coge, podía también hacerla toda igual, de cuya forma lograda la subsistencia en el crédito de la fábrica»[41]

Los consumidores se sentían engañados, por tanto no era extraño que decidieran cambiar sus preferencias para elegir los paños y adquirieran las bayetas inglesas de Alconchel *«sufriendo el quebranto en la diferencia de 10 ó 12 reales por vara, que no experimentarían si los fabricantes de Noves procediesen á fabricar las suyas bien».*[42]

Posiblemente esto último sería la causa de la aparición de unas coplas a modo de refrán que decían así: *«Mula de Tendilla, mujer de Escalonilla y paño de Novés, no me lo des».*

CRISIS TEXTIL DEFINITIVA DEL SIGLO XIX

A finales del siglo XVIII aparece una nueva tecnología textil, como en el caso de las máquinas hidráulicas de cardar e hilar la lana que poco a poco se impondrá en el siglo XIX a pesar de la resistencia de los fabricantes castellanos y leoneses a las nuevas innovaciones.

Esta situación llevó a la decadencia de la industria textil lanera que tanto auge había alcanzado en Castilla y en España en general, y no solo por la falta de adaptación a las nuevas tecnologías debida a esa resistencia o que no quisieran competir, sino que también influyó que los potenciales inversores de capital se decantaron en el mis-

---

[41] Larruga, E. *Memorias políticas y económicas sobre los frutos, comercio, fábricas y minas de España.* Tomo IX. Madrid, 1790.
[42] *Ibidem.*

mo periodo por las fábricas de harinas, los ferrocarriles y el sector de la construcción para aprovechar los ensanches que se estaban produciendo en las ciudades.

En un Real Decreto aprobado en 1813, se autorizaba a todos los españoles y a extranjeros avecindados en España, abrir libremente fábricas sin licencia ni permiso, sujetándose únicamente a las reglas de policía y de salubridad, así como poder ejercer cualquier industria y profesión útil sin examen ni pertenencia al gremio respectivo, derogando en esta parte las ordenanzas que se oponían a esta libertad.[43]

Con este decreto no se abolieron los gremios desde un punto de vista formal, pero sí se suprimieron los privilegios que tenían reconocidos por el Estado, con lo que quedaron mortalmente heridos porque la asociación de intereses entre las corporaciones artesanales y el poder público era estrecha pues ambos se necesitaban: *«el Estado era el garante de los privilegios de los gremios. A cambio, obtenía de ellos la garantía del abastecimiento de productos manufacturados de calidad. Al mismo tiempo, los gremios representaban unas eficaces estructuras de encuadramiento de las clases productivas urbanas y, en ocasiones mecanismos funcionales de recaudación fiscal y reclutamiento de milicias».*[44]

Por una Real Instrucción de fecha 30 de noviembre de 1833 se prohibió definitivamente la formación de nuevos gremios.

---

[43] Santos Vaquero, A. *La industria textil lanera en Toledo y su provincia. Diputación Provincial de Toledo.* 2011.
[44] Iglesias Rodríguez, J. José. (www.2ual.es). *Los gremios de artesanos.* 2019.

Hacia la mitad del siglo XIX, según las descripciones de Madoz, la fábrica de paños de Novés quedó reducida a 4 telares pequeños de bayetas y jerguillas.[45]

En el año 1890 existía en Novés una industria de fieltro para sombreros junto a otras de tinajas, tejas y ladrillos. En el año 1959 habían desaparecido la fábrica de sombreros y la de tinajas.[46]

A partir del siglo XX ya no queda en Novés el menor rastro de una industria que llegó a ser floreciente y que ofrecía trabajo a miles de personas.

CONCLUSIONES

¿Qué sucedió para que una industria que alcanzó niveles tan altos en calidad y prestigio desapareciera totalmente sin dejar rastro?

En mi opinión quizás podríamos convenir que fueron tres las causas más importantes que ocasionaron la decadencia y posterior desaparición de la fábrica de paños y bayetas de Novés:

La primera de ellas es la dependencia casi total y absoluta de las subvenciones, que tarde o temprano, como siempre, terminan por desaparecer. Una segunda causa podría ser una falta de adaptación a las nuevas técnicas, y como última causa el incumplimiento –presunto– de las normas de calidad por parte de unos pocos que dio lugar a una situación anómala –casi delictiva– que resultó perjudicial para todos.

---

[45] Madoz, P. *Diccionario geográfico, estadístico, histórico de España.* (1845-1850).

[46] Excma. Diputación de Toledo: Boletín informativo de la Provincia. Número 20. Diciembre de 1959. Toledo.

En el Antiguo Régimen (ahora también) se practicaba una política de privilegios con el fin de favorecer la industria: *«Para conseguir el privilegio de producir y vender en exclusiva sus productos los fabricantes se constituían en gremios para defenderse contra el intrusismo laboral y garantizarse de esta manera el control del mercado local y nacional. Para ello imponían a sus miembros, so pena de multas y sanciones, el cumplimiento de unas ordenanzas gremiales aprobadas por el Consejo de Castilla que servía de mecanismo igualitario para impedir el enriquecimiento de unos artesanos a costa del empobrecimiento de otros, por eso se regulaban con detalle todos los aspectos de la actividad de la corporación: las materias primas y su distribución, el tipo de productos y su calidad, el acceso a las diferentes categorías laborales, etcétera».*[47]

Existía, por tanto, unidad en el estricto cumplimiento de las ordenanzas porque de ello dependía la obtención de las subvenciones necesarias e imprescindibles para la subsistencia de los telares.

En los gremios existían tres niveles laborales: los maestros, dueños de los talleres y los que controlaban la vida corporativa; los oficiales, que trabajaban para los maestros a cambio de un salario, y los aprendices, al servicio de los maestros por cierto número de años a cambio del aprendizaje del oficio. Para poder pasar de una categoría a otra se hacían exámenes prácticos muy exigentes para que los candidatos demostraran su pericia y suficiencia en el oficio.

---

[47] Iglesias Rodríguez, Juan José. *Los gremios de artesanos.* (www.2ual.es). 2019.

La aparición de nuevos tejidos y técnicas de fabricación fueron considerados por los fabricantes de paños una amenaza y un intrusismo perjudicial para ellos en un mercado que hasta entonces tenían controlado y lejos de reconocer los avances de la industria textil y tratar de adaptarse a los nuevos cambios, permanecieron impasibles a ello. En otros lugares, como Cataluña, por ejemplo, modificaron y adaptaron rápidamente su fabricación a la demanda cada vez más creciente de los nuevos tejidos, o en Béjar concretamente, que optaron por especializarse en la fabricación de mantas.

Quizá también tuvo algo –o mucho– que ver la rigidez en los ascensos y promoción de las categorías laborales que impedían o ralentizaban de alguna forma aprender nuevas técnicas.

Ante la falta de medios y financiación algunos fabricantes novesanos creyeron ver la solución en disminuir la calidad de sus productos, tal vez más preocupados por mantener su propia subsistencia que de obtener beneficios.

Al desaparecer la organización gremial desapareció también la unidad de criterio en la fabricación de paños y bayetas, que conlleva la desunión de los fabricantes y la consiguiente pérdida de calidad (y lo que es peor, de su prestigio) al utilizar cada uno sus propios métodos sin someterse a las reglas estrictas a las que antes estaban obligados, sin sospechar siquiera que de esta manera perdían el poder, la fuerza y el prestigio que habían gozado gracias precisamente a esa unidad que exigía el cumplimiento riguroso y fiel de dichas reglas.

EL *LIGNUM CRUCIS* DE NOVÉS[48]

En la religión católica se denominan reliquias a todas aquellas partes o restos de cuerpos de santos o mártires por pequeños que sean y por extensión aquellas cosas u objetos que usaron o estuvieron en contacto con su cuerpo y por eso son consideradas por los fieles objetos dignos de veneración.

Sagrada Reliquia del *Lignum crucis* de Novés.

Suele ser frecuente que muchas personas pongan en duda la autenticidad de las reliquias religiosas en general,

---

[48] Si se quiere una información más amplia y detallada, consultar el libro *Semana Santa en Novés una tradición centenaria* (S. Benayas. 2022).

especialmente los no creyentes, y más aún por la extrañeza que suscita si la reliquia se encuentra en lugares apartados, pequeños o poco conocidos, como es el caso de Novés, lo que hace aumentar las suspicacias de los más escépticos. Sin embargo, la sagrada reliquia que tiene la Cofradía de la Sangre de Novés es una joya histórica que contiene en su interior un *Lignum crucis* que llegó a Novés en el año 1724 procedente del Monasterio de las Descalzas Reales de Madrid, cuya referencia histórica está fuera de toda duda por estar documentada, como aquí se expresa brevemente a lo largo de estos tres capítulos:

I. El Monasterio de las Descalzas Reales.
II. Un confesor ilustre: Francisco Fajardo.
III. La Sagrada Reliquia en Novés.

I.- EL MONASTERIO DE LAS DESCALZAS REALES[49]

La reliquia de Novés procede de este lugar. El monasterio de Nuestra Señora de la Consolación o de la Asunción, popularmente conocido como Monasterio de las Descalzas Reales nace como un convento de clausura de monjas clarisas fundado por Doña Juana de Austria, hija de Carlos I y hermana de Felipe II.

La princesa Juana estaba casada con el príncipe Juan Manuel de Portugal, pero quedó viuda muy joven. Decidió retirarse de la vida cortesana y fundó un convento de la

---

[49] Para la realización de este capítulo se ha utilizado como principal fuente de información la obra de Karen María Vilacoba Ramos titulada *Las religiosas de las Descalzas Reales de Madrid en los siglos XVI-XX: fuentes archivísticas* publicada en el año 2010 por Hispania Sacra LXII. ISSN 0018-215-X.

primera regla de Santa Clara. Para su ubicación eligió un antiguo palacio situado en la madrileña plaza de Celenque en el antiguo arrabal de San Martín (actualmente plaza de las Descalzas) porque en este mismo edificio fue donde ella había nacido en 1535.

Terminadas las obras de acondicionamiento en el año 1564 se trasladaron al nuevo edificio unas monjas procedentes de Gandía, donde se encontraba el convento de Santa Clara, primera casa de religiosas descalzas seguidoras de la regla inicial de la Santa. El traslado se produjo por mediación de Francisco de Borja, que era el confesor de la princesa, quien antes de tomar los hábitos y llegar a ser santificado ostentaba el título de duque de Gandía. Se realizó una procesión muy solemne para trasladar el Santísimo Sacramento al nuevo monasterio a la que asistieron el propio rey Felipe II y su hijo Carlos, la reina Isabel de Valois, la princesa Juana y un largo séquito de la alta nobleza española.

Siguiendo las normas establecidas desde su fundación, las religiosas del Monasterio debían pertenecer a la alta nobleza; por tanto, necesariamente la abadesa también tenía que serlo. La influencia que Francisco de Borja ejercía sobre la princesa Doña Juana como confesor suyo que era, queda patente en la elección de la primera abadesa, que recayó sobre sor Francisca de Jesús, tía del confesor y hermana de su padre Don Juan de Borja, duque de Gandía.

Además de la princesa Doña Juana como fundadora, el monasterio acogió a otros personajes de la realeza como las que se citan:

- **María de Austria**, hermana de Doña Juana y también del rey Felipe II, emperatriz y archiduquesa viuda del emperador Maximiliano II de Habsburgo. Llegó al convento en 1580 acompañada de su hija Margarita, de solo trece años de edad. La emperatriz adoptó el régimen de la comunidad y su hija profesó como monja con el nombre de sor Margarita de la Cruz.

- **Doña Ana Dorotea de Austria**, marquesa de Austria, hija del emperador Rodolfo II y sobrina de la infanta Margarita de Austria, profesó en 1624 bajo el nombre de sor Ana Dorotea de la Concepción. Llegó a ser muy influyente, porque fue mentora de Margarita de Austria (hija de Juan José de Austria) y de Mariana de Austria, que era tía segunda suya.

- **La princesa Catalina María de Este**, hija de Alfonso III de Módena y nieta de la infanta Catalina de Austria (hija de Felipe II) y del duque de Saboya. Tomó el hábito a los ocho años de edad, en 1622, y murió en 1628 sin haber llegado a la edad de profesar.

- **Doña Mariana de Austria**, nacida en Bruselas, hija ilegítima del cardenal infante don Fernando llegó al convento en 1646 con solo cinco años de edad y profesa en 1659 con el nombre de sor Mariana de la Cruz. Apoyó junto a sor Ana Dorotea de la Concepción, a la reina Mariana de Austria tras su caída del poder a favor de Juan José de Austria. Alcanzó gran influencia política por mantener correspondencia con las reinas Mariana de Austria (viuda de Felipe IV) y Mariana de Neoburgo (segunda esposa de Carlos II), con otros miembros de la familia real y con el embajador imperial en Madrid, conde de Pötting. Fue abadesa del Monasterio y tuvo una importante implicación en la beatificación de sor Margarita de la Cruz, hija de la emperatriz María, durante el reinado de Carlos II, como familia del rey que era.

- **Doña Margarita de Austria**, nació en Nápoles en el año 1650. Era hija natural de Juan José de Austria, nieta por línea paterna de Felipe IV y por línea materna relacionada con el pintor José de Ribera, conocido como *Lo Spagnoletto*. Profesa bajo el nombre de sor Margarita de la Cruz en 1666.

De izquierda a derecha: sor Margarita de la Cruz (hija natural de don Juan José de Austria), sor Mariana de la Cruz (hija natural del Cardenal Infante don Fernando) y la Abadesa de las Descalzas Reales. Madrid, Monasterio de las Descalzas Reales. Atribuido a Matías de Torres.

Como se ha podido ver, la vinculación del Monasterio con la familia real de la dinastía de los Austrias fue muy estrecha, vinculación que se mantuvo con la llegada de la nueva dinastía de los Borbones, de tal manera que el 3 de septiembre de 1715 a la muerte de sor Mariana de la Cruz, que aunque ilegítima era la última descendiente directa de la casa de Austria, el rey Felipe V, primer monarca Borbón, dictó un Real Decreto por el que se concedía el título perpetuo de Grande de España a todas las abadesas de este Monasterio de las Descalzas.

El Monasterio llegó a albergar una de las mayores colecciones de reliquias y relicarios que habían llegado hasta aquí como regalos particulares. La acumulación de tales joyas tiene su explicación por la influencia de estas mujeres en la Corte que, ciertamente, llegó a ser muy importante, por eso no había embajador, nuncio o legado que en su visita no trajera una cajita con reliquias para las ilustres monjas del monasterio esperando recibir a cambio un buen trato por parte de ellas.

Era normal que cada regalo llegase acompañado generalmente de una carta que, además de referirse a los detalles de la reliquia y su culto, solía traer también algún tipo de petición o intervención en favor de ciertos asuntos terrenales. En este sentido se conservan cartas de Papas como Clemente VIII, Paulo V o Gregorio XV, lo que en cierta medida puede avalar «la autenticidad» de los obsequios.

La gran mayoría de las reliquias (más del 90%) se reunió en el Monasterio durante el período comprendido entre los años 1570 y 1700, sobre todo durante la permanencia en el mismo de la emperatriz María, archi-duquesa de Austria y hermana de Felipe II.

Dado que la mayoría de las reliquias eran regalos particulares a estas mujeres de la familia de los Austrias, era lógico que fueran ellas las encargadas de su cuidado, porque constituían una especie de colección particular y privada y así preservaban su propio patrimonio y, a la vez, mantenían vivos los cultos de la dinastía.

Desgraciadamente, gran parte de las reliquias que for-maban parte de la colección guardada en las Descalzas Reales ha desparecido debido a un incendio que sufrió el convento en el año 1862, a lo que hay que sumar los desastres de la Guerra Civil, durante la cual se produjo el derrumbe de una parte del edificio, que afectó a muchos relicarios y otros objetos de alto valor espiritual y artístico.

A pesar de que con ellas se perdieron la mayor parte de los documentos que acompañaban y acreditaban la autenticidad de la reliquia dándole validez y valor sagrado para ser venerada por los fieles, no es razón suficiente para cuestionar el origen o la autenticidad de las reliquias que aún existen y se custodian en las Descalzas Reales, dada la importancia del lugar, así como del rango de las personas que las enviaban y de quienes las cuidaban.

Se cree que en el Monasterio llegaron a reunirse más de cuatrocientas reliquias. Una de ellas, que por su importancia y valor se veneraba con gran devoción, era el *Lignum crucis*. A través de ciertas crónicas se sabe que cuando la princesa Juana o después la emperatriz María padecían fiebres tercianas pedían a las monjas que sumergieran el *Lignum crucis* en agua, porque confiaban que bebiendo dicha agua, donde había sido bañado el fragmento de la cruz de Cristo, serviría para curar la enfermedad inmediatamente. Las mismas crónicas cuentan cómo al sumergir este pedacito de la madera, el agua se teñía de sangre al contacto con la reliquia.

Esta reliquia tan importante se guarda en la Capilla del Milagro ubicada en la parte central del monasterio detrás de la iglesia. En el año 1678 el hermanastro de Carlos II, Don Juan José de Austria, cuya hija nacida fuera del matrimonio profesaba en el monasterio con el nombre de sor Margarita de la Cruz, donó la decoración que actualmente tiene la capilla.

II.- UN CONFESOR ILUSTRE: FRANCISCO FAJARDO

Francisco Fajardo nació en Novés el día 6 de octubre de 1675. Era el hijo menor de Don Juan Francisco Fajardo Monroy y Doña Juana Gómez de Velasco, ambos de ilustre linaje de Hidalguía.

La especial devoción por san Francisco de Asís de la familia Fajardo a la que hay que añadir la religiosidad de Doña Juana, mujer de gran piedad y temerosa de Dios, hizo que sus hijos se educaran en la mayor observancia cristiana con palabras y ejemplos que alcanzó una especial relevancia en el menor de ellos.

Francisco fue un niño con una madurez inusual, de tal manera que a los catorce años terminó sus estudios en el colegio de los Jesuitas de Toledo sobresaliendo entre todos los alumnos. Ingresó de novicio en el convento de San Diego de Alcalá en el año 1690 cuando aún no había cumplido quince años y profesó al año siguiente. Allí destacó en sus estudios y progresó de forma admirable en sus virtudes. Observó puntualmente la estrecha regla de la Orden en obediencia, pobreza y castidad. Destacó sobre todo en paciencia, templanza y una profundísima modestia que le hizo permanecer con el cargo de novicio durante toda su vida para no excusarse de sacrificio alguno.

Fue Calificador de la Santa Inquisición y Confesor de las Descalzas Reales, reclamado por la propia comunidad de religiosas por su fama de santidad. Murió en el año 1726 y fue enterrado a petición propia en el monasterio de San Francisco en la fosa común, para no recibir distinción alguna.

Alcanzó tal prestigio que a su muerte mucha gente del pueblo acudió a verle en el féretro porque consideraban que quien había muerto en las Descalzas Reales era verdaderamente un santo.

III.- LA SAGRADA RELIQUIA EN NOVÉS

La Sagrada Reliquia del *Lignum crucis* llegó a Novés en el año 1724 como una donación del reverendo fray Francisco Fajardo. El ilustre franciscano, confesor en el Monasterio de las Descalzas Reales de Madrid, había recibido la reliquia de las religiosas del Convento como obsequio por su gran afecto y esmerada labor hacia la comunidad, donde había llegado un año antes reclamado por las propias monjas conocedoras de sus virtudes cercanas a la santidad.

La Sagrada reliquia de Novés es una alhaja que alberga un trozo de madera extraído del Santo *Lignum crucis* venerado en la Capilla del Milagro del Convento de las Descalzas Reales. Dicho trozo lo obtuvo para su propio uso la infanta sor Mariana de Austria con sus propias manos en presencia de la Madre Abadesa sor Isabel de la Cruz, según consta en una certificación hecha por la misma el día 26 de agosto de 1724.[50]

En esta certificación se hace constar igualmente que la reliquia es un regalo que la comunidad hace a su confesor el reverendo fray Francisco Fajardo para que disponga de ella de la forma que estime más oportuna.

Apenas una semana después, concretamente el día 5 de septiembre del mismo año, el padre Fajardo toma la decisión de donar la Sagrada Reliquia a la Cofradía de la Preciosa Sangre establecida en Novés, su pueblo natal, con

---

[50] López de la Fuente, Juan José. *Copia literal de 1755 de la carta de certificación y donación del Lignum Crucis a la Cofradía de la Preciosísima Sangre de Novés (Toledo).*
(www.cofradíadelasangre/Otros documentos).

la condición de que dicha Cofradía adquiera la obligación de celebrar una fiesta con sermón el día tres de mayo de cada año, festividad de la Santa Cruz, para perpetuar para siempre su culto.

La donación queda reflejada en un inventario de la Cofradía de la Sangre del año 1721, donde se puede ver un añadido al margen en el que se expresa lo siguiente:

«Una reliquia del Sacro Santo Lignum Crucis que es de casi tres dedos[51] de largo y engarzado en plata esmaltada, embutido en otra cruz de plata sobrelazada en carmesí de filigrana con su peana que es como de una tercia de alta y es la misma de su Alteza Serenísima D.ª Mariana de Austria, Infanta de España religiosa que fue de las SS. Descalzas Reales de la imperial Villa de Madrid y donó la dicha sagrada reliquia a esta Cofradía el Reverendísimo franciscano Fray Francisco Fajardo natural de este lugar como más largamente consta de la auténtica que está en el archivo y se hallará razón en el cabildo que se celebró el 18 de febrero de 1725».[52]

La donación queda igualmente constatada en una carta que el propio Francisco Fajardo dirige al párroco de Novés Don Juan Martínez Suarez[53] en la fecha anteriormente citada del 5 de septiembre de 1724, en la que muestra un acto de extrema humildad y agradece a los Hermanos Cofrades de la Sangre su ofrecimiento para dar culto y veneración a la Sagrada Reliquia, a lo que se obligan para siempre, sin conceder mayor relevancia al hecho de su preciado regalo a la Cofradía que por su significación y procedencia alcanza un extraordinario valor e importancia.

---

[51] Un dedo = 1,7 cm. aproximadamente.
[52] Archivo Parroquial de Novés. *Fondo documental cofradía de la Preciosísima Sangre.* (www.cofradíadelasangre/Otros documentos)
[53] *Ibidem.*

Fiel a su promesa la Cofradía de la Sangre ha celebrado durante todos los años con verdadera devoción y respeto la Fiesta de la Santa Cruz el día 3 de mayo[54] ininterrumpidamente como fiesta doble y, recientemente, ha conmemorado el III CENTENARIO de esta donación.

---

[54] Al haber sido eliminada esta fecha como festiva de precepto por la Iglesia, la Cofradía de la Sangre ha trasladado su celebración al primer fin de semana del mes de mayo para intentar preservar y continuar su solemnidad.

PREGÓN DE SEMANA SANTA

(Novés, Domingo de Ramos, 9 de abril de 2017)

Sres. Presidentes de las Cofradías, Sr. Consiliario, Sr. Alcalde y autoridades. Señoras y Señores.

Muy buenos días a todos. Es un gran honor para mí, darles la bienvenida y agradecer por anticipado su presencia a este acto, pero permítanme que mis primeras palabras sean para felicitar a los Alféreces de este año. Pablo, Antonio, Jose Luis, mi más cordial enhorabuena.

Hoy comienza la fiesta grande de Novés, y lo hacemos cumpliendo la tradición con el pregón y el homenaje a los Alféreces. Hay que decir que para disfrutar al máximo esta fiesta hay que identificarse con ella, vivirla y sentirla desde dentro, y por supuesto también hay que encontrase a gusto y cómodo en ella.

Como novesano, yo la vivo porque la llevo muy dentro, y también me siento muy a gusto, y mucho más en compañía de todos ustedes, pero cómodo, lo que se dice cómodo estoy algo menos, no por nada, sino porque aquí arriba tiemblan las piernas de una forma increíble. Créanme.

Por este motivo, y para tratar de suavizar la situación, quisiera, con el permiso de todos vds., tomarme la libertad de poder tutearles para tratar así de sentirme algo más tranquilo.

Agradeciendo la licencia que me dais y que me tomo, porque no he oído a nadie decir que no, os voy a hablar como paisano, como vecino y como amigo.

La Junta de Cofradías, con buen criterio creo yo, piensa, ¿quién hay mejor que un novesano para hablar de su Semana Santa? Seguro que tienen razón, y eso incluye a todos, a todos sin excepción, pero mira por dónde me ha tocado a mí y creedme, no es lo mismo estar aquí arriba que ahí abajo.

Pero no me quejo, al contrario, me siento muy honrado, muy satisfecho y muy orgulloso de haber sido elegido para dar este pregón como novesano que soy, claro que sí, y a mucha honra, a pesar de estar muy nervioso y algo acongojado, por no decir otra cosa, pero intentaré hacerlo lo mejor posible. Todo sea por mi pueblo.

Antes de comenzar me vais a permitir que mencione el pregón que se celebró en el cine Moliné en el año 1984. Algunos de vosotros a lo mejor lo recordáis. El pregonero era mi padre. Fue un pregón algo distinto porque estaba enfermo y lo grabó en un cassette. Yo lo escuché entre el público, como me escucháis ahora vosotros. Conmigo estaba mi hijo de apenas cuatro años, que cuando escuchó la voz de su abuelo se levantó como un resorte, porque sabía que era él quien hablaba, pero no le veía. Por eso le buscaba. Afortunadamente, gracias a Dios, hoy mi madre me puede oír y me puede ver junto a toda mi familia, incluidos mis nietos, aunque no me entiendan todavía porque son muy pequeños.

Ojalá que hoy también, aunque no pueda verme, mi padre me oiga desde donde esté, para que se sienta tan orgulloso como estoy yo en este momento.

Perdonadme este inciso y vamos a centrarnos en la Semana Santa, que es lo que importa. La verdad es que no sé qué decir, ni por dónde empezar porque, ¿qué os puedo decir que no sepáis?

Voy a contaros una anécdota que me pasó hace ya mucho tiempo. Unos amigos de Hellín me invitaron a ver la famosa Tamborada de su Semana Santa, porque dicen que son diez mil tambores tocando a la vez, y un año, allá que fui a verla.

Yo no me lo creía, pero después de estar toda la noche tocando sin parar, por la mañana temprano hacen la Procesión de las Caídas, y durante dos horas, o más, y no exagero, pasaron por una calle abarrotada de gente hombres, mujeres y niños de todas las edades, todos tocando un tambor. Había tambores por un tubo, parecía que manaban, y no tuve más remedio que reconocer que eran, no diez mil tambores como decían, sino muchos más.

Ellos me decían, «es que aquí al nacer un niño ya se le compra un tambor, por eso hay tantos, porque Hellín tiene más de 30.000 habitantes». Yo, que no quise ser menos, les dije, pues en el mío cuando nace un niño se le apunta a una cofradía, porque nuestra Semana Santa también tiene su categoría, aunque seamos un pueblo más pequeño.

Un año, que casualmente era Viernes Santo, estos amigos iban hacia Gredos y pararon en mi casa. Los convencí para que vinieran a ver el Desclavamiento. Durante el sermón estuve con ellos y quise saber si les gustaba, pero no me hizo falta preguntar, ni tampoco hizo falta que me contestaran, porque los dos miraban fijos, sin pestañear, mientras corrían por su cara unos lagrimones de a kilo por la emoción.

¿Por qué os cuento esto? Pues porque hay lugares que tienen fama y son muy conocidos, como el caso de Hellín, y otros que se conocen menos, como nos ocurre a nosotros. Como se suele decir, unos tienen fama y otros cardan la lana. Pero no debemos equivocarnos, porque quien viene a ver nuestra Semana Santa le gusta lo que ve y lo que tenemos, como les pasó a mis amigos, y a lo mejor hasta lo saben apreciar y valorar más, porque nosotros ya estamos acostumbrados a verlo todos los años.

Yo creo, y estoy convencido, que la Semana Santa de Novés es grande y es importante, y sé que no me equivoco.

Aquí tenemos tres Cofradías con historia y con auténtica categoría. No todo el mundo puede presumir de tener Cofradías centenarias como tenemos nosotros. Según el orden, la primera es la Cofradía de la Columna, que fue fundada en 1742, aunque yo creo que ya existía antes de esa fecha, aun corriendo el riesgo de que me corrija Juanjo, porque Juanjo López de la Fuente es la persona que más sabe de la Semana Santa de Novés. Casi seguro.

Como os digo, la Cofradía de la Columna va camino de cumplir como mínimo 300 años, nada más y nada menos.

Luego está la Cofradía de la Sangre, la más veterana, porque desde 1532 ya tenía estatutos aprobados, lo que significa que está a punto de cumplir 500 años, casi a la vuelta de la esquina como quien dice. Habrá que ir pensando, pero <u>ya mismo,</u>

en cómo celebrar su Quinto Centenario, porque eso no ocurre todos los días.

La tercera es la Cofradía de la Concepción, que parece más moderna porque su reglamento es de 1913, pero no es tan joven como aparenta. En realidad, en esta fecha renacía de otra cofradía anterior fundada en 1780, que se llamaba Cofradía de Nuestra Señora de la Purísima Concepción, San Antonio de Padua y Santa Bárbara. Un nombre tan largo como su antigüedad, porque esta cofradía procedía a su vez de otra, llamada también de la Purísima Concepción, de la que se sabe que en 1732 estaba extinguida, pero no se sabe realmente cuándo comenzó. Así que es otra cofradía que acredita más de 300 años.

Hay otra, la del Santísimo. Su verdadero nombre es Hermandad de los Esclavos del Santísimo Sacramento. Desgraciadamente no se la considera cofradía, porque no tiene un reglamento aprobado oficialmente como las otras, pero subsiste gracias a unas cuantas personas empeñadas en continuar la tradición oral y sus costumbres centenarias. También hay que decir que sobrevive gracias al trabajo y dedicación de las muñidoras, porque todas ellas, una tras otra, han ido tomando voluntariamente el relevo de forma altruista, con buena voluntad y sin interés alguno. Algo que hay que saber agradecer.

Precisamente de esta Cofradía, gracias a otro investigador novesano, Ángel Pérez Illescas, se ha recuperado un documento muy interesante, porque Ángel ha hecho un magnífico trabajo de restauración escaneando la portada original de un libro de cuentas del año 1616, o sea de hace 400 años. Para ser más exactos, este año cumple 401. Así pues, con esta serían cuatro Cofradías realmente.

Como podéis ver, no se puede negar la antigüedad a la Semana Santa de Novés. Pero ojo, ser antiguo no significa ser viejo. Lo viejo se estropea con el tiempo; sin embargo, no pasa lo mismo con lo que es añejo y tiene solera, porque eso es como los buenos vinos que ganan cada vez más con los años. Así pasa con nuestra Semana Santa, que permanece invariable entre nosotros y cada año gana más. ¿Y sabéis cual es el secreto? ¿Por qué sigue igual o casi igual?

La clave de todo está en respetar y continuar las mismas costumbres de siempre, como también está en saber mantener igual y de la misma manera los ritos de nuestros antepasados, para tratar de conseguir los mismos fines que alcanzaron miles de cofrades que nos precedieron. El secreto está en respetar el legado que hemos recibido como si fuera una herencia y que como buenos hijos tenemos que mantener, y si puede ser aumentarla. En una palabra, la clave y el secreto es la TRADICIÓN.

Seguramente habrá quien piense que lo tradicional es algo que ya no se lleva, porque es detener el tiempo y quedarse anclado en el pasado. Yo creo que no es cierto del todo, y os voy a poner un ejemplo.

En Novés no veréis túnicas modernas de terciopelo, ni vistosas capas de raso, porque las tres cofradías siguen utilizando la chaquetilla, la basquiña y la valona, que son prendas de los siglos XVII y XVIII. Fueron muy usadas en su tiempo, y por ejemplo la valona, era un adorno reservado para festividades y actos solemnes e importantes, sobre todo entre cortesanos y la alta sociedad, porque daba importancia y categoría. Pues bien, cuando alguien viene por primera vez a la Semana Santa de Novés, una de las cosas que más les llama la atención precisamente son las valonas, porque lo ven como algo original. Para ellos puede que sea así, pero, para nosotros es tradición, porque lo estamos utilizando desde hace siglos, y está claro que hay que seguir usándolas, pero no por originalidad sino por tradición.

Otro ejemplo. En la mayoría de los sitios escucharéis decir Hermano Mayor, Capataz o Presidente de Honor, o cualquier otro título, pero nadie o casi nadie dice Alférez. Cuando alguien que no es de aquí escucha esta palabra se pregunta, ¿por qué en Novés se llama así? ¿Creéis que para ser más originales? Pues no, también es por tradición. El Alférez era el abanderado de su regimiento, el que llevaba la insignia, el que representaba a todos, y en Novés se sigue entendiendo de esta manera. Por pura tradición. ¿Hay algo más bonito y más honroso que ser Alférez para representar a tu Cofradía? Que se lo pregunten a los de este año que están aquí, o a todos los que ya han sido Alférez.

Hay muchas más tradiciones y todas importantes. Lo peor es que no nos damos cuenta hasta que se han perdido. Por desgracia, siempre pasa así.

¿Recordáis los de mi generación los vía crucis y misereres que se hacían en la iglesia los Viernes de Cuaresma? En cada estación se recitaba un quinteto y se contestaba con cierto soniquete: *Lágrimas de corazón // de puro dolor lloremos // para que todos logremos // el fruto de la Pasión.* Seguro que la gran mayoría ya no se acuerda. Es algo que ya se ha perdido.

¿Y el fantasma? ¿Os acordáis del fantasma? De esto puede que sí, casi seguro. Algunos echaban valor y le seguían hasta cerca del cementerio a ver si lo descubrían. Pero no os dejéis engañar si os cuentan historias de este tema; sobre todo, presumiendo de valor, no os las creáis demasiado, porque muchas son mentira. Lo cierto es que el fantasma imponía respeto y casi todos le teníamos miedo. Sobre todo, de muchachos; y más todavía, cerca del cementerio.

También recuerdo, en mis tiempos de muchacho, que había peleas para tocar el matraco, y solo era para subir a la torre. Ahora ya no hace falta pelearse, porque después de la última restauración, que era muy necesaria, gracias a Arturo Maroto, que tuvo la idea de poner un pequeño motor eléctrico, con un sencillo interruptor funciona desde abajo. Algo tan simple como eso, ya lo veis. Claro que, por otra parte, es una pena porque ya no se puede subir a la torre.

¿Y qué me decís de los paseos por la carretera? ¿Os acordáis? Duraban toda la Cuaresma. Entre otras razones, porque no había cine ni baile, ni otra cosa mejor que hacer. Estoy casi seguro que todavía quedan novesanos de mi generación, y más veteranos todavía, que se llegaron a aprender de memoria el número de pasos y hasta los baches más pequeños que había desde la fábrica de harinas hasta el Cerro los Curas, de tantos y tantos paseítos como nos habremos dado. Si sumáramos todos serían un montón de kilómetros.

No quiero decir con esto, que tengamos que volver al pasado y repetir lo que hacíamos antes, porque los tiempos cambian y hay que seguir avanzando con ellos. Pero no me digáis que no resulta bonito que todavía podamos ver a los mayordomos de la Columna y de la Sangre, cuando el Jueves Santo por la mañana van a arreglar los caminos, formados en fila, con sus azoncillos al hombro, tan dispuestos... aunque todos sabemos, más que de sobra, que ya no hace falta. Lo mismo pasa, por ejemplo, ver cómo hay cofradías que todavía siguen nombrando renovadores de cera, de forma simbólica claro, porque ya no hay hachones, y eso que algunos no saben ni lo que es un hachón. Casi seguro.

Hay tradiciones que ya se han perdido, pero, ¿os imagináis una Semana Santa en Novés sin hacer el arreglo de los caminos, sin matraco, sin Capitán, sin valonas, ¿lo podéis imaginar? No, verdad, claro que no. Lo mismo puedo decir de la bollería, de los famosos dulces que tanto llaman la atención a los forasteros. Pensar por un momento una Semana Santa sin flores, sin rosquillas, cajitas, empanadillas, limonada... porque eso también es tradición. Y podemos estar de acuerdo en que falten pastelitos, y si me apuráis que falten también hasta langostinos, pero que no haya flores o limonada, ¡eso no puede ser! Eso sería imposible. Pues bien, todo esto y todo lo que he dicho antes forma parte de la tradición. Y esta tradición es la que no se puede perder.

¿Hay que mejorar lo que tenemos? Claro que sí, pero tampoco consiste en añadir cosas nuevas al tun tun para sustituir lo que ya tenemos y que es nuestro de toda la vida. Se puede mantener la tradición y se puede evolucionar al mismo tiempo, y el ejemplo más claro lo tenemos con la incorporación de la mujer a las cofradías. Era una ausencia de siglos que hoy ya no tenía sentido. Afortunadamente ya hay muchas mujeres en las tres cofradías; por tanto, que sean bienvenidas todas las mujeres cofrades, porque sin lugar a dudas seguro que ellas también sabrán conservar las tradiciones y las costumbres, igual que los hombres, por qué no.

Estoy convencido de que la tradición es muy importante, pero no hay que olvidar que la Semana Santa es una fiesta religiosa, aunque algunos pongan más interés en una cosa o en otra. Según convenga.

Hay que reconocer que la Semana Santa es la representación de la Pasión de Jesús. Esa es la pura verdad, nos guste más o nos guste menos, y gracias a ello, a pesar de que han pasado casi dos mil años, todavía podemos ver aquí mismo, en Novés, cómo transcurre paso a paso y minuto a minuto la Pasión de Cristo. Por las calles de nuestro pueblo podemos ver, podemos vivir y hasta podemos sentir aquellos hechos que sucedieron hace más de mil años, casi en vivo y en directo, y mejor aún, casi en tiempo real.

El Jueves, Jesús se reunió con sus discípulos para celebrar lo que sería la Última Cena. Gracias a la Cofradía de la Columna, nosotros podemos ver cómo Jesús llora amargamente, mientras reza arrodillado en el Huerto de los Olivos, porque uno de los suyos le ha traicionado. Allí fue donde le detuvieron y le torturaron como si fuera un criminal, y eso que le acusaban de predicar sobre la verdad y la igualdad, de curar enfermos, de resucitar a muertos. También veremos a Jesús pasar por la carretera, cruzando todo el pueblo atado a una columna, humillado, azotado y torturado. A nosotros también nos duelen esos insultos y sus azotes, pero es María, su Madre, la que sufre más, ¡mucho más!, como cualquier madre. Ella sufre un dolor intenso, como puñales clavados en el corazón por el daño que le hacen a su hijo. Por eso los hermanos de la Columna no quieren dejarla sola y en un hermoso paso llevan a Nuestra Señora de los Dolores para que acompañe a su Hijo en estos momentos tan trágicos. Los demás nos unimos a ellos porque también queremos acompañarla.

El Viernes amanece nada menos que con una sentencia de muerte. El reo es Jesús, y para mayor escarnio le obligan a llevar a hombros la cruz donde le van a crucificar. ¡Qué infamia! ¡Qué injusticia! Saben que es inocente, pero le imponen este castigo. La Cofradía de la Sangre acompaña a Jesús en su camino hasta el Calvario, sufriendo con Él en cada una de sus caídas. Su Madre también le busca, porque no puede ni quiere abandonar a su Hijo en estos momentos de dolor, y le encuentra aquí mismo, en la plaza de nuestro pueblo. Jesús está sufriendo, está desfallecido y ella acude a socorrerle, pero no puede hacer nada. Solo puede darle consuelo. Desde aquí siguen los dos juntos hasta llegar al lugar de la Calavera donde Jesús es crucificado. Lo dejan clavado en la cruz, donde sufre y agoniza hasta que muere hacia las tres de la tarde. No se puede quedar allí, solo y abandonado. Cuando está anocheciendo, los Hermanos de la Sangre, lo descienden de la cruz y lo llevan a enterrar. Su Madre sigue ahí, junto a Él, como siempre. Llena de dolor, pero no abandona a su Hijo. Los de la Sangre la consuelan, lloran con ella y la acompañan hasta el final durante el entierro. Todo el mundo acude en silencio, todo el pueblo la acompaña. María llora, sufre, y sufre mucho, porque ahora a este dolor, a este sufrimiento tan grande, tiene que añadir también su Soledad.

Jesús desde la cruz dijo, «Todo está cumplido» y con estas palabras da la sensación de que ha llegado el final, que todo ha terminado. Pero no es así, y los Hermanos de la Concepción se encargan de anunciarlo y de proclamarlo, el Domingo ¡bien temprano! Con un alegre repicar de campanas nos convocan a todos para que acudamos con alegría a ver como la Madre y el Hijo se van a encontrar de nuevo, porque Jesús ha resucitado. Y el encuentro será aquí mismo, en el mismo lugar, otra vez en la plaza de nuestro pueblo. Tenemos que ir todos, no podemos faltar, porque los Hermanos de la Concepción nos convocan y nos contagian su alegría con música, tirando cohetes, lanzando aleluyas al viento, con un revolotear de palomas y con ruidosas tracas, porque Jesús ha vencido a la muerte. Todo el pueblo está contento, todo el pueblo lo celebra. ¡Aleluya! ¡Jesús ha Resucitado!

Todo esto que os he contado es un gran Auto Sacramental, es un rito, es tradición en Novés. Esto es la esencia de la Semana Santa. Si no lo sentimos así, si no lo vivimos así, nos faltará algo fundamental, la fiesta no estará completa, y como os decía al principio no podremos identificarnos con ella, no podremos disfrutar totalmente de ella.

Es verdad que la Semana Santa es una fiesta seria y triste, porque es época de reflexión, de mirar hacia nuestro interior, de rectificar y de perdonar. Son días que nos hacen recordar a seres queridos que ya no están con nosotros y nos llenan de nostalgia. Pero la Semana Santa, hay que saber disfrutarla, porque también es una fiesta emocionante, viva, y alegre, por lo menos aquí en Novés.

Aquí es emocionante porque la esperamos con ganas y con ilusión, porque queremos y deseamos vestirnos cada uno en nuestra cofradía. Aquí, en nuestro pueblo, está viva porque la llevamos dentro y la sentimos en nuestro interior, igual que la sentimos y la vivimos en las procesiones, que cada vez son más bonitas. Y aquí también es alegre, porque la compartimos y la disfrutamos con la familia, con amigos y con todo el mundo, como debe ser, porque destapamos nuestra bondad, y nos abrimos de corazón.

Algunos pensarán que todo esto es igual o muy parecido en otros sitios y en muchos lugares. Y tienen razón, seguro que tienen toda la razón porque esta manera de sentir no es exclusiva de Novés, pero si recordáis lo que he dicho al principio, a todos estos sentimientos nosotros añadimos algo muy especial, algo muy importante, la TRADICIÓN, y eso sí que hace grande nuestra Semana Santa.

Hay dos cosas que no debemos olvidar, ni tenemos que perder nunca jamás. SOLERA Y TRADICIÓN. Tenemos que seguir así, conservando estos valores a toda costa, entre todos, tanto si somos cofrades, como si no. Los cofrades, cumpliendo y respetando la tradición, vistiéndose, cuidando y sacando a sus imágenes, como lo han hecho siempre. Los demás asistiendo a los actos que se celebran y acudiendo a las procesiones, y todos, todos sin excepción, ayudando, colaborando, con orden y con respeto, con devoción y en silencio, viviendo y sintiendo la Semana Santa como la fiesta más importante y la más grande en nuestro corazón.

Así, y solo así, la Semana Santa de Novés será siempre grande. La más grande de todas durante cien siglos más.

¡VIVA LA SEMANA SANTA DE NOVÉS!

¡VIVA NOVÉS!

INQUISICIÓN: PROCESO A DOS NOVESANOS

Antes de entrar de lleno en el contenido de este pequeño artículo creo que es conveniente recordar algunos breves conceptos básicos que pueden resultar aclaratorios.

El Tribunal del Santo Oficio de la Inquisición en España, conocido también como Inquisición Española, fue una institución fundada por los Reyes Católicos a finales del siglo XV. No se trata de una creación original ni exclusiva, pues tiene sus precedentes en los procesos contra la herejía y la apostasía que ya se realizaban en Europa desde el siglo XII autorizados por una bula pontificia del papa Lucio III y que era conocida como Inquisición Episcopal. Al principio, las penas condenatorias solían ser de excomunión y destierro, pero se fueron endureciendo paulatinamente hasta llegar a la pena de muerte en la hoguera y a permitir la tortura como medio de obtener información a partir de mediados del siglo XIII, con la promulgación de la Inquisición Pontificia del papa Gregorio IX.

En el caso de España, el Santo Oficio se fundó en 1478, en un principio bajo un control directo de los Reyes Católicos a diferencia de la Inquisición Pontificia, cuyo control era exclusivo de los Papas. Este control de la Corona se justificaba porque sus actividades se dirigían fundamentalmente a la persecución de moriscos y de judíos conversos, sobre todo a partir del decreto de su expulsión, con el fin de establecer la unidad religiosa en los reinos de Castilla y Aragón, que se habían unido por el matrimonio de los Reyes Católicos. Isabel y Fernando habían iniciado una nueva formación del territorio de sus reinos, llamada España, en la que se buscaba la unidad política, religiosa y económica de todos sus dominios para crear un nuevo Estado.

Sin embargo, a partir del siglo XVI no solo se perseguía a moriscos y judíos, sino también a iluminados, herejes y protestantes, además de considerar como delito grave la blasfemia y muy graves los de brujería, sodomía y bestialismo. Pasó a ser un tribunal religioso que perseguía y castigaba todos los delitos contra la fe.

El primer auto de fe realizado en España fue en la ciudad de Sevilla en 1481, donde se condenaron a seis personas a morir en la hoguera[55]. Sin embargo, lo más habitual eran unos autos de fe más austeros y menos cruentos, parecidos al que se celebró en Toledo en 1486 que consistió en hacer un recorrido con los condenados a modo de procesión por las calles principales para su mayor deshonra que terminó en la catedral, donde se les impuso la penitencia[56].

El último auto de fe en España sucedió en 1781 donde se condenó a muerte a una mujer de baja condición por fingir revelaciones divinas y mantener relaciones sexuales con varios de sus confesores. Se le aplicó el garrote vil y su cadáver fue arrojado después a la hoguera.[57]

Todos los tribunales inquisitoriales y los autos de fe fueron suprimidos y prohibidos en toda Europa en las primeras décadas del siglo XIX, siendo el tribunal español el último que se abolió en 1834.

---

[55] Pérez, Joseph. (2012). *Breve Historia de la Inquisición en España.* Barcelona. ISBN: 978-84-08-00695-4. (Wikipedia)

[56] Kamen, Henry. (2011) *La Inquisición Española. Una revisión histórica* (3ª edición). Barcelona.

[57] Molero, Valérie. *Heterodoxia y herejía: la última hoguera de la inquisición española* (Wikipedia).

Escudo de la Inquisición con la leyenda que traducida dice:
LEVÁNTATE, OH DIOS, DEFIENDE TU CAUSA. (SALMO 73)

Se ha hablado mucho de la Inquisición española, particularmente de su severidad, censura, paranoia, autos de fe, torturas, persecuciones, etc. No seré yo quien defienda y ni mucho menos justifique este largo y oscuro período de terror en el que se produjeron muchas injusticias debido a la multitud de denuncias falsas sin pruebas de ninguna clase realizadas contra personas inocentes, simplemente por odio hacia sus enemigos, para que sus propiedades y bienes fueran enajenados y, en el peor de los casos, fueran ejecutados. No obstante, conviene analizar ciertos datos que pueden corregir en cierta medida nuestra predisposición y pensamiento sobre este tema.

En el año 1998 el papa Juan Pablo II ordenó abrir los archivos secretos de la Inquisición a historiadores de reconocido prestigio procedentes de diferentes confesiones religiosas, tal y como pidió el Santo Padre, para realizar un Simposio Internacional sobre la Inquisición, cuyas actas se hicieron públicas en el año 2004 en un libro de 783 páginas con todas las intervenciones que se realizaron en dicho Simposio.

Algunos datos de este congreso no dejan de ser sorprendentes e interesantes:

- Entre los años 1540 y 1700 se celebraron en España casi 45.000 juicios. Fueron condenados a muerte el 1,8% de los procesados y, de ellos, el 1,7% fueron condenados en contumacia; es decir, que no pudieron ser ejecutados por estar en paradero desconocido y en su lugar se quemaba o ahorcaba a muñecos. Los datos indican que realmente murieron ajusticiados 45 personas en esos 160 años, aproximadamente el 0,1% de los condenados.

- En cuanto a la llamada «caza de brujas», en los datos del simposio se detalla el número de condenados y quemados en la hoguera por brujería (la mayoría mujeres) en toda Europa, con datos escalofriantes: Alemania 25.000 sobre 16 millones de habitantes, Suiza 10.000 sobre 1 millón de habitantes, Francia, 4.000, Reino Unido, 2.500, Dinamarca y Noruega 1.600, España 49, Italia, 38 y Portugal 4.

Con estos datos se demuestra que los horrores de la Inquisición se extendieron por toda Europa, siendo Suiza el lugar de mayor represión porcentual, aunque la leyenda negra insista en decir que España fue el lugar más represivo y sangriento de todos.

Todo lo dicho no es para justificar nada de aquello que sucedió y de lo que solo la Inquisición es plenamente responsable. Lejos está de mi intención que no es otra que dar a conocer hechos a través de datos contrastados, para tratar de evitar en lo posible lo que se proponía la leyenda negra española con su propaganda que comenzó en el siglo

XVI y no era otra cosa que menospreciar y desprestigiar a España internacionalmente.

Desgraciadamente se han conseguido en cierta medida algunos de esos objetivos, porque puede comprobarse cómo los enemigos de España en este y en otros temas, siguen utilizando historias legendarias de dudoso rigor histórico de manera interesada y sectaria. Últimamente, de forma muy especial y particular en aquellos que se refieren a la conquista de América.

Las informaciones y comentarios que se hacen sin contrastar con hechos y datos reales se extienden más deprisa que la verdad y consiguen su objetivo sin mucha dificultad, y ya se sabe, a río revuelto....

Ya lo decía Cervantes en el Quijote: «*La falsedad tiene alas y vuela, y la verdad sigue arrastrándose, de modo que cuando las gentes se dan cuenta del engaño ya es demasiado tarde.*»

Hechas estas aclaraciones, que creo convenientes y oportunas, voy a referir por su singularidad dos procesos concretos que el tribunal del Santo Oficio llevó a cabo en el siglo XVI contra dos novesanos: Francisca de Ávila y Juan de Novés.

- **FRANCISCA DE ÁVILA, ALIAS DE LOS APÓSTOLES**[58]

Francisca de Ávila nació en Novés alrededor de 1541. A los dieciséis años de edad abandonó la casa de sus padres para irse a vivir como beata a la iglesia de Santa

---

[58] Todos los datos se han obtenido del artículo de Gillian T. W. Ahlgren titulado «*La voz de una visionaria a favor de la Reforma en el Toledo del siglo XVI*», publicado en el libro *Mujeres en la Inquisición. La persecución del Santo Oficio en España y el Nuevo mundo*, de Mary E. Giles. Ediciones Martínez Roca.

María la Blanca, en Toledo, donde tomó el nombre de Francisca de los Apóstoles. Aquí permaneció hasta los veinticuatro años. Después se trasladó a la iglesia de Santo Tomé, en la misma ciudad de Toledo, donde comenzó a gestar su particular reforma religiosa.

En principio, la idea de Francisca era hacer un beaterio[59] y establecer sus propias normas para las mujeres que allí se reunieran, pero no consiguió la aprobación de los funcionarios eclesiásticos. A pesar de ello hay constancia de que en 1573 había seis beatas viviendo juntas siguiendo una norma escrita por la propia Francisca.

En su visión reformadora también deseaba fundar un seminario conciliar y poner ambas instituciones bajo el auspicio de los Jerónimos, porque quería que la fundación estuviera orientada fundamentalmente a la oración y a la penitencia que conducen a la salvación.

La visión que Francisca tenía del convento era de un hogar para jóvenes y viudas que, de lo contrario, podrían verse obligadas a dedicarse a la prostitución para poder sobrevivir. El sistema eclesiástico de ayuda a los pobres se había resentido en las décadas de 1560 y 1570 por las malas cosechas, la subida de impuestos y el aumento de la población, de tal forma que el pósito de Toledo no daba abasto para abastecer a los más necesitados.

La pretendida reforma de Francisca fue apoyada en principio por el clérigo Pedro Chacón. Su propia hermana Isabel Bautista viajó hasta Roma para obtener el permiso para fundar el nuevo convento.

El entusiasmo inicial se convirtió en frustración al comprobar la dificultad de llevar a cabo sus planes, sobre todo cuando su hermana Isabel regresó de Roma sin

---

[59] Casa en la que viven beatas siguiendo alguna norma.

conseguir la autorización para el beaterio. A pesar de todo, Francisca siguió insistiendo de distintas formas utilizando otras vías para conseguir el reconocimiento oficial.

Las dos hermanas acogieron a algunas mujeres humildes y no quisieron admitir a más mujeres que querían ingresar en el convento porque no tenían autorización formal para fundarlo. A pesar de ello llegó a ser una comunidad de doce beatas.

En 1574, una beata del convento, llamada Catalina de Jesús, denunció ante la Inquisición a Francisca acusándola de tener visiones divinas sobre las formas de vida de las beatas, sus hábitos y otros detalles. También fue acusada de estar endemoniada, porque afirmaba que su hermana Isabel era más santa que muchos del cielo.

A pesar del escándalo público que suponían estos hechos, el tribunal inquisitorial no hizo mucho caso argumentando que eran opiniones de beatas pobres que no tenían hacienda y *«por estar en opinión que aún no estaba fuera de tener espíritu y por la información flaca no hicimos diligencia en ello.»*[60]

Poco más tarde, en 1575, el corregidor de Toledo no ocultaba su preocupación por los más de trescientos enfermos que habían muerto en las calles porque los hospitales de la ciudad estaban saturados. Ante esta injusticia Francisca manifestaba abiertamente que había tenido una visión divina del Juicio Final en la que san Pedro estaba en la puerta del cielo impidiendo la entrada a los clérigos de la ciudad de Toledo: *«Luego vio venir a San Pedro diciendo delante de aquella Majestad, duro castigo sea sobre los sacerdotes que tan malos han*

---

[60] A.H.N. Inquisición. Legajo 3072, n° 35.

seguido, porque yo desnudo seguí al desnudo y ellos van cargados de rentas y vicios.»[61]

En diciembre de 1575, el Santo Oficio inició un proceso tras recibir un informe de unas 24 proposiciones tomadas de varios testigos. Según el informe, Francisca era blasfema más que hereje, porque lo malo de sus puntos de vista teológicos eran una falta de respeto hacia cuestiones de fe más que el hecho de enseñar una doctrina nueva.

En 1576 Francisca seguía manteniendo que sus visiones habían sido auténticas, sobre todo una de ellas en la que los demonios habían entrado en su cuerpo y ella aceptaba los tormentos demoníacos a fin de que el diablo dejara de atormentar al resto del mundo, igual que Santa Catalina de Siena, que también había ofrecido su cuerpo a los demonios para redimir a la humanidad de sus pecados[62].

Esta visión ponía de manifiesto abiertamente y bien a las claras que Francisca y sus beatas asumían el papel de intercesoras y redentoras dentro de la Iglesia.

El Santo Oficio no podía admitir esta arrogancia, que las situaba en la posición de santas. Ante la presión del fiscal inquisidor que sostenía que tan grandes revelaciones solo las podían tener *«personas muy avisadas en oración, disciplinas, ayunos y en otros actos de virtud»*[63] en clara alusión a la falta de conocimientos teológicos de Francisca, esta respondió que había declarado lo que realmente ocurrió, pero si el inquisidor decía que era un error ella diría que era un error aunque no pudiera dejar de creer en lo que vio, porque su deseo sincero era servir a Dios y si realmente estaba confundida o la habían engañado, quería

---

[61] *Ibidem.* Legajo 113, n° 5, folio 204.
[62] Raimundo de Capua. *Vida de la bienaventurada Santa Catalina de Siena.* pp. 91-93.
[63] A.H.N. Inquisición, legajo113, n° 5, folio 232vr.

que alguien la orientara. Esta declaración supuso de facto un reconocimiento de culpa de Francisca pues, en cierta medida, reconocía estar endemoniada, aunque era por una buena causa, la de asumir los pecados de todos los demás para que fueran perdonados.

Pasó un año encarcelada y en 1577 el fiscal añadió varias acusaciones más, entre las que figuraba la de haber tenido relaciones sexuales con un compañero de prisión con quien había planeado escaparse. Francisca negó con todas sus energías que hubiera sucedido nada deshonesto entre ella y su compañero de prisión; sin embargo, los documentos de la Inquisición registran que fue condenada por hereje, blasfema y perjura, arrogante, descarada y miserable. El 14 de abril de 1578 se cumplió la sentencia: cien latigazos en las calles de Toledo y tres años de destierro de la ciudad.

La Inquisición española actuaba como filtro de movimientos reformistas, como el de Francisca, que representaban una amenaza a las reformas de otras órdenes como los franciscanos y los carmelitas e incluso podía afectar al ordenamiento eclesiástico de Toledo. Existía, además, una serie de prejuicios y resistencia a una débil filosofía del conocimiento y de su naturaleza que no podía justificar la validez de sus experiencias y visiones, como lo hacían Teresa de Jesús, Francisco de Borja, Pedro de Alcántara o Juan de la Cruz, grandes místicos que contaban con una amplia formación teológica.

Al final Francisca fue denunciada por las mismas mujeres de su entorno y los hombres que la habían asesorado. Tanto al fiscal como al inquisidor les resultó fácil desacreditar a Francisca y a su programa de cambio, cuestionando la validez teológica de sus visiones por su falta de cultura.

Francisca, abatida porque su propia comunidad religiosa y la Iglesia en general se negaban a escuchar su mensaje, ya no habló más.

- **JUAN DE NOVÉS**[64]

Juan nació en Novés hacia 1562 o 1563 en el seno de una familia humilde. Su padre era campesino, dueño de una yunta de mulas que araba tierras propias y otras arrendadas. Tenía dos hermanos y una hermana, por lo que en su familia sobraban bocas y faltaban ingresos.

Muy joven, casi un niño, ingresó en la Orden de San Jerónimo, algo muy común en la época porque el ingreso en la Iglesia se consideraba más una salida económica familiar que una vocación personal. Siendo novicio toma el apelativo de fray por su condición de fraile y de apellido Novés en recuerdo de su patria chica, costumbre que también era frecuente.

Fray Juan tenía un carácter fuerte y temperamental y era inteligente y fantasioso, pero inquieto y de mal genio. A Juan no le convencía del todo la rigidez de los claustros jerónimos y pronto comenzó a dar muestras de su carácter problemático. Intentaba flirtear con las romeras que se acercaban a la capilla del convento y, también, se dedicaba a realizar lecturas por su cuenta poco recomendables para el espíritu elevado que se suponía propio de un ermitaño.

En 1584 salta el escándalo en el tranquilo monasterio de la Sisla. Varios frailes confiesan al padre prior que fray Juan de Novés leía libros que contenían «cosas de magia» e incluso aseguraban que tenía tratos con el propio diablo.

---

[64] Datos tomados de *Historias pícaras manchegas. Un fraile nada convencional, el padre jerónimo Juan de Novés.* Miguel F. Gómez-Vozmediano.

Le acusaban también de no privarse de hacer comentarios sospechosos sobre la religión judía, y no solo eso, sino que se mostraba condescendiente con los protestantes y luteranos. Aún más, y más escandaloso, que había osado «meter mano a los pechos» a una mujerzuela que había pasado por la capilla a rezar a la Virgen.

Los testimonios de los testigos se multiplicaban y fray Juan fue acusado nada más y nada menos que de hereje, de tener un pacto demoníaco, seguir la ley de Moisés, ser cómplice de luteranos y protestantes y de mantener relaciones sexuales con devotas.

A pesar de la gravedad de las acusaciones, todo podría haberse resuelto dentro de la Orden con una severa reprimenda y alguna condena más o menos deshonrosa, pero el escándalo traspasó los muros del monasterio y terminó escandalizando a todos los pueblos del entorno. Y para colmo de males llegó a oídos de la Santa Inquisición.

Un año más tarde se decidió que este jerónimo fuera privado del hábito y saliera desterrado del Reino de Toledo, siendo condenado a servir como remero forzado durante cuatro años en las galeras de su Majestad en Cartagena.

El 14 de noviembre de 1585 sus superiores disponen que: «*Salga a capítulo en presencia de todos los frailes nuestros y de los demás de otras Ordenes y otros seglares que nos pareciere llamar para satisfacer el escándalo que en esta comarca ha causado y salga en hábito de penitente con una soga a la garganta y ante todas las cosas séale dada una disciplina rigurosa con un salmo Miserere Mei*».

No consta en qué consistió la disciplina rigurosa a la que hace mención la condena, pero es de suponer que podría tratarse de azotar al reo en público con cien o doscientos latigazos, pues el número estaba en función de la gravedad de los delitos y ese era el castigo habitual usado de forma más frecuente.

A pesar de todo, fray Juan de Novés tuvo suerte en su sentencia porque probablemente un seglar por los mismos cargos hubiera sido condenado sin miramientos a la hoguera y llevado al quemadero que el Santo Oficio tenía en Toledo. Pero la buena estrella de Juan no termina aquí. Como quiera que se necesitaban más brazos en las penosas labores de las minas de Almadén que en las galeras del Mediterráneo se le permutó la pena de galeras por trabajos forzados en Almadén. Para evitar la deshonra que suponía que un fraile de la Orden sufriera esta condena forzosa, es la propia Orden la que decide comprar a un esclavo para que le supliese en tan duro destino y Juan de Novés fue recluido durante cuatro años en la prisión conventual de San Bartolomé de Lupiana (Guadalajara). Cumplida la condena Juan fue liberado en 1589 y una vez más le sonrió la fortuna, pues el esclavo que le sustituyó en las minas de Almadén –un desgraciado llamado Juan de Rivera– no fue liberado hasta 1590, un año más tarde que Juan.

A partir de aquí nada más se sabe de este fraile altivo, lascivo y lenguaraz que pagó con su honra los errores y desatinos que cometió siendo muy joven. Vivió unos tiempos duros y difíciles en los que quien se salía de la norma perdía su honra o pagaba los errores con su vida. Es probable que no volviera a casa de sus padres para no avergonzarles delante de sus vecinos y que hubiera engrosado el número de pícaros que pululaban por calles y caminos, o incluso que fuera uno de los que abandonara España en busca de fortuna pues muchos que habían sido frailes se convirtieron en soldados para formar un hogar lejos de la tierra que los vio nacer.

NOVÉS Y SU ANTIGUO ENTORNO CAMINERO

Las comunicaciones que tiene Novés actualmente con su entorno más inmediato son bastante aceptables, a pesar de ser de tercer orden, pero no dejan de causar una cierta sensación de aislamiento toda vez que son la única posibilidad que le permite acceder a otras vías de mayor rango o autovías para poder comunicarse con otros lugares más lejanos.

El pueblo está atravesado por una carretera autonómica de segundo nivel, la CM-4009 que le comunica por el norte directamente con Santa Cruz del Retamar, en donde se puede enlazar con la autovía A-5, llamada del Suroeste o de Extremadura. Por esa misma carretera se accede a Torrijos, por el sur, donde se puede enlazar con la autovía A-40, llamada de la Meseta Sur o de Toledo a Ávila.

Saliendo del pueblo en dirección a Torrijos hay un desvío a la derecha por donde sale una carretera provincial de segundo orden hacia el oeste (TO-1332) que va a Caudilla –hoy despoblado– y a Val de Santo Domingo. Otra carretera de la misma categoría que la anterior (TO-1729) sale desde el centro del pueblo con orientación este en dirección a Portillo de Toledo.

Si bien no se puede negar que Novés está comunicado por los cuatro puntos cardinales, esta situación se nos antoja un poco deficiente si tenemos en cuenta las buenas comunicaciones que ha tenido históricamente hasta un pasado no tan lejano. En este pequeño ensayo vamos a tratar de conocer dicho historial.

CAMINO DE TOLEDO

Según referencias que aparecen en relaciones del siglo XVI, Novés era: «*...lugar muy pasajero porque está en el camino real que va de Toledo a Valladolid y a Medina del Campo, y está en el camino real de la Vera de Plasencia para Madrid*».[65]

En las mismas relaciones encontramos igualmente distintas referencias de pueblos vecinos y cercanos a Novés que nos advierten del trayecto que debía seguir el camino que iba de Toledo a Medina del Campo y a Valladolid:

[...] Villamil.- «dixeron que el pueblo mas cercano hacia el medio día es la dicha ciudad de Toledo, aunque casi un poco a mano izquierda del medio día, y que la dicha ciudad está tres leguas de este lugar y no grandes, y para ir a la dicha ciudad, vamos lo mas del camino por el camino real, que va a la dicha ciudad desde Valladolid y toda Castilla la Vieja, y se pasa la puente que llamamos en esta tierra de Guadarrama, la cual dicha puente esta dos leguas y media de la dicha ciudad.... ...hay un hospital de acogimiento de pobres caminantes, donde curar y dar de comer a los dichos pobres caminantes dos días, y llevarlos a otros pueblos en cabalgaduras a costa del dicho hospital.»[66]

[...] Huecas.- «que el pueblo es pasajero, y está en el mismo camino real que va desde Toledo y Andalucía a Salamanca, Medina del Campo, Valladolid y toda Castilla la Vieja, y desde Castilla la Vieja hasta Toledo y

---

[65] Viñas, C. y Paz, R. *Relaciones histórico geográficas de los pueblos de España por iniciativa de Felipe II.* C.S.I.C. Madrid, 1963.
[66] *Ibidem.*

Andalucía, y no hay ninguna venta en el termino, y no tiene anexos ningunos». [67]

[...] Quismondo.- «este pueblo no es pasajero antes está cerca de camino por espacio de seiscientos pasos poco mas o menos y que en el no hay ventas ni bodegones......hay un hospital en este pueblo para los pasajeros que duerman una noche y se van otro día.» [68]

[...] San Silvestre.- «dicen que esta villa de San Silvestre es pueblo pasajero y que esta en camino real de las ferias de Medina del Campo y Valladolid y toda Castilla la Vieja, Salamanca, Zamora, Benavente, Ríoseco para la ciudad de Toledo y otro camino real ques de Portugal y toda Extremadura, Vera de Plasencia para la villa de Madrid por manera que tiene dos caminos que se dice encrucijada y questa villa no tiene ninguna aldea ni venta en su distrito ni jurisdicción.» [69]

En el repertorio de los caminos de España que hace Villuga[70] en 1546, más específico y descriptivo, se confirma el trayecto de dichos caminos de Toledo a Valladolid y a Medina del Campo.

El primero de ellos (Toledo-Valladolid) se denomina camino de los carros, que saliendo de Toledo se dirige por Olías hacia Móstoles pasando –entre otros– por Brunete, la Venta de Tablada, Arévalo, Olmedo y, finalmente, Valladolid. Es de suponer que era utilizado por grandes carros y galeras que se empleaban para el transporte de mercancías principalmente.

---

[67] *Ibidem.*
[68] *Ibidem.*
[69] *Ibidem.*
[70] Villuga, J. *Repertorio de todos los caminos de España.* Biblioteca Digital de la BNE. 1546.

El camino que sale de Toledo a Medina del Campo se denomina camino de caballos, posiblemente por ser el camino más utilizado para el traslado de viajeros y caminantes; no olvidemos que en esta época se viajaba fundamentalmente andando o en mulo. Los más afortunados se permitían usar carros ligeros o diligencias: *«Se viajaba mucho a pie, en especial las personas que no podían sufragar los gastos de postillones o mulos. Por ello, las etapas eran cortas –de 30 a 40 kilómetros diarios–, y se acostumbraba a reposar varios días en lugares de cierta importancia».*[71]

Su trazado era el reflejado en el cuadro de la Fig. nº 1:

HAY de TOLEDO a MEDINA DEL CAMPO XXXIIII

a Lázarobuey	media	a la Venta de San Bartolomé	I
a la Puente de Guadarrama	II	a la Venta de Mojapán	media
a Villamiel	media	a Mediana	II
a Huecas	I	a Sant Vicente	I
a Noues	I	a Sancto Domingo	II
a Sant Silueſtre	media	a la Venta	I
a Guismonde	media	a Pajares	I
a Escalona	II	a Arévalo	III
a Paredes	I	a Ataquines	III
a Cadahalso	II	a Sant Vicente	I
a la Venta de los Toros de Guisando	I	a Valverde	media
a la Venta la Tablada	media	a Medina del Campo	I y media
a Cebreros	I y media		
a la Palomera	II y media		

Fig. nº 1.- Descripción de Villuga. 1546.
Los números romanos expresan la distancia en leguas.

---

[71] Alegre Peyrón, J. M.: *Actas del I Congreso Internacional de Caminería Hispánica*. Tomo II.

Como se puede ver, Villuga habla de la venta de Lázarobuey a media legua de la salida de Toledo, que algunos han querido identificar con la Venta del Hoyo; sin embargo, no está del todo claro que se trate del mismo lugar.

En el siglo XVI, tanto Villuga como Meneses[72] nombran la venta de Lázarobuey, y la primera referencia a la Venta del Hoyo la encontramos mucho más tarde en un mapa de la provincia de Toledo realizado por Tomás López, del siglo XVIII, en donde aparece escrito «venta del Oyo». El mismo lugar vuelve aparecer en el siglo XX, esta vez escrito de la forma actual pero haciendo referencia a un balneario a cuyas aguas se le atribuían propiedades para combatir la diabetes y hasta se llegó a embotellar y hacer publicidad de ello.[73] Actualmente, solo se pueden observar las ruinas del antiguo balneario, su edificio principal, la escalinata y su entrada, que conserva todavía el nombre del manantial en baldosas de cerámica junto a la vía de servicio (Km. 7 de la antigua carretera N-403).

Como curiosidad también, señalar que tanto Meneses como Villuga solo hablan del puente del Guadarrama sin nombrar venta o posada alguna en este lugar; sin embargo, Tomás López sitúa en su mapa del año 1768 una venta con el nombre de Guadarrama señalada con el signo convencional de venta que él suele utilizar normalmente.

Posiblemente esta venta no se nombra en el siglo XVI porque no existía, pero llegó a ser tristemente famosa en el siglo XIX por los graves sucesos (robos y asesinatos) producidos en su entorno debido a enfrentamientos con

---

[72] Meneses, A. *Repertorio de Caminos*. Año (1576). Ministerio de Educación y Ciencia, Dirección General del Patrimonio Artístico y Cultural.
[73] Hemeroteca Digital de la BNE. Mundo Gráfico, 19/2/1919.

carlitas y asaltos de bandoleros, como reflejaron algunos artículos de prensa de la época.

En la descripción que hace Villuga del camino de Alicante a Santiago se confirma la utilización del trazado del camino de Toledo a Medina del Campo como se puede comprobar en el cuadro de la figura nº 2.

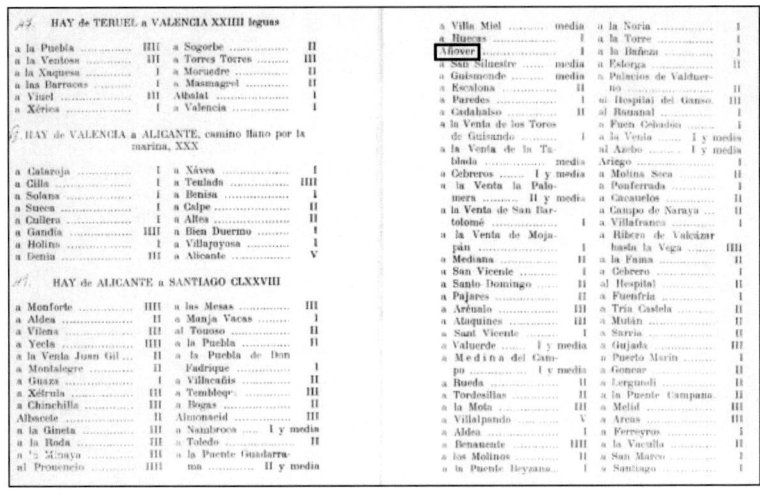

Fig. nº 2.- Descripción de Villuga del camino de Santiago desde Alicante. Año 1546. Obsérvese que en lugar de Novés pone Añover, sin duda un error caligráfico.

Lo más interesante es que en las relaciones del siglo XVI también se dice: *«en el dicho lugar hay un hospital para acoger pobres peregrinos con ciertas camas, y tiene de renta hasta siete u ocho mil maravedís, el cual instituyo y doto fulano de las Yeguas»*[74] lo que nos permite suponer que Novés ya era un lugar de paso de peregrinos hacia Compostela.

---

[74] C.Viñas y R. Paz. *Relaciones histórico geográficas de los pueblos de España por iniciativa de Felipe II*. C.S.I.C. Madrid. 1963.

Este Camino de Santiago alicantino estaba olvidado y prácticamente desaparecido debido a la multitud de modificaciones que ha sufrido a lo largo del tiempo; no obstante, la Asociación de Amigos del Camino de Santiago de Alicante lo ha rescatado para los peregrinos que quieran seguir este camino histórico.

Si bien es verdad que no se ajusta al trayecto exacto que tuvo en su origen por razones obvias, sí que se han recuperado muchos tramos históricos. Actualmente este camino está registrado en la Federación Española de Asociaciones de Amigos del Camino de Santiago con el nombre de Camino del Sureste, donde figura Novés como final e inicio de etapa (final de la nº 16 de Toledo a Novés: distancia 40 kilómetros. Inicio de la nº 17 de Novés a Escalona: distancia 19 kilómetros).[75]

Saludo de bienvenida a los peregrinos que llegan a Novés. Está situado frente a la ermita del Cristo, en la entrada al pueblo por el antiguo camino de Toledo.

Desde el año 2000 Novés cuenta con un albergue parroquial de peregrinos por el que pasan una media de 50 peregrinos al año. Cuenta con seis camas y todos los

---

[75] www.mundicamino.com

servicios de aseo e higiene. Desde su inauguración han pasado por ahí más de un millar de peregrinos de muy diverso origen y nacionalidad.

El camino de Toledo a Medina del Campo se usaba en el siglo XVIII de forma habitual: *«La distancia desde Novés a Toledo es de cinco leguas; a la una se pasa por el lugar de Huecas, y a las tres el río Guadarrama por puente de ocho ojos: a mano izquierda se ven los pueblos de Fuensalida, y Vargas, y a la derecha el de Barcience».*[76]

Fue a partir del siglo XIX cuando esta vía sufrió importantes modificaciones. Según una memoria de las obras públicas que se realizaban en España a finales de 1859, ya se había iniciado la construcción de un proyecto que permitiría unir Toledo con Santa Olalla: *«Carretera de Toledo a Santa Olalla. – Sale de Toledo de la de primer orden nº 18 Puente de Toledo a Toledo (se refiere a la que sale de Madrid y pasa por Getafe, Illescas, Yuncos, Cabañas y termina en Toledo) y pasando por Piedra Torreja y Alcabón termina en Santa Olalla. Su longitud total es de 43 km. de los cuales 5,3 se hallan construidos y los 37,7 restantes estudiándose su proyecto definitivo».*[77]

Al parecer, este proyecto no era definitivo pues en otra memoria de 1860 se modifica el proyecto inicial y se propone unir Toledo con San Martín de Valdeiglesias pasando por Torrijos y Escalona.

En 1864 se modifica de nuevo este proyecto ampliando su recorrido para permitir la llegada hasta Ávila.

---

[76] Ponz, Antonio. *Viage de España.* 1783.

[77] www.puentescarreterasyferrocarrilestoledo.blogspot.com. Memoria del estado de las obras públicas en España. primer semestre de 1859.

En 1877 el trayecto definitivo de la carretera Toledo-Ávila queda como sigue: Sale de Toledo y pasa por Rielves, Torrijos, Val de Santo Domingo, Maqueda, Escalona, Almorox, Cadalso, San Martin de Valdeiglesias y Cebreros.

Según esta última memoria parece ser que la carretera termina en Cebreros; sin embargo, en el Plan General de Carreteras de 1940 se puede comprobar que el trayecto definitivo de esta carretera conocida como Nacional de Toledo-Ávila omite esta última población y continúa desde San Martín de Valdeiglesias hasta Ávila pasando por El Tiemblo y el puerto de la Paramera prolongándose después hasta Valladolid con la denominación de carretera N-403 Toledo-Ávila-Valladolid.

Como curiosidad, decir también que en 1877 la carretera que unía Novés con Santa Cruz del Retamar y Torrijos, se amplía desde este último hasta Navahermosa pasando por Gerindote, Escalonilla, La Puebla de Montalbán y San Martín de Montalbán.

CAMINO DE MADRID

En Novés no todos saben que el conocido camino de Santa Olalla, que une estas dos localidades, también se llama Camino Real. El motivo de llamarse así es debido a que desde el siglo XVI y hasta el XVIII era el camino principal que iba de Madrid a Portugal, cuya denominación oficial era Camino Real a Portugal por Badajoz.

Como hemos visto anteriormente, en las descripciones geográficas del siglo XVI, además del camino de Medina del Campo por Novés pasaba también el camino de La Vera y de Plasencia hacia Madrid.

Observemos algunas descripciones de pueblos vecinos a Novés de las relaciones geográficas de esa época:

[ ] Santa Olalla.- esta villa es pasajera e por ella pasan de la Vera y Portugal y Extremadura a Toledo y a Madrid y tiene seis aldeas pequeñas anexas.[78]

[ ] Casarrubios.- es pueblo pasajero de la Extremadura y Portugal que va a Madrid, no hay venta.[79]

[ ] Ventas de Retamosa.- es pueblo pasajero de la Extremadura y Portugal que va a Madrid, no hay venta.[80]

Con estas descripciones podemos hacernos una idea del trayecto que tenía el camino de Madrid a la comarca extremeña de La Vera.

En el repertorio de Villuga no hay un camino directo de Portugal a Madrid, pero aparece la descripción de otro camino que iba desde Évora (Portugal) a Toledo pasando por Talavera[81], que era el utilizado para seguir después hasta Madrid desde Toledo.

El traslado de la Corte a Madrid hace que el tránsito de mercancías y pasajeros de Portugal hacia Madrid aumente considerablemente, convirtiendo a Talavera de la Reina en un centro estratégico de suministros para la capital. También aumenta el tránsito postal. Según Campomanes, en 1761 había en este trayecto parada de postas en Casarrubios, Novés, El Bravo y Talavera de la Reina.[82]

El camino a Portugal salía de Madrid en dirección a Móstoles. Desde aquí se dividía en dos tramos diferentes,

---

[78] Viñas, C. y Paz, R. *Relaciones histórico geográficas de los pueblos de España por iniciativa de Felipe II.* C.S.I.C. Madrid 1963.

[79] *Ibidem.*

[80] *Ibidem.*

[81] El trayecto de Talavera a Toledo era el siguiente: Talavera, Venta del Alberche, Cebolla, La Mata, Burujón, Venta Estivel y Toledo.

[82] Madrazo, S. *Itinerario de las carreras de postas de dentro y fuera del Reino.* Madrid, vol. II. Año 1761

uno que iba por Arroyomolinos, El Álamo, Casarrubios, Ventas de Retamosa, Venta del Gallo (cerca de Camarena), pasaba entre Fuensalida y Portillo, Novés, Venta de Pedro Pérez (cerca de Val de Santo Domingo) y terminaba en Santa Olalla. El otro recorrido transcurría por Navalcarnero, Valmojado, Santa Cruz del Retamar, San Silvestre y Maqueda hasta unirse con el primero en Santa Olalla. A partir de aquí, el trayecto se convertía de nuevo en un solo y único camino que pasaba por El Bravo y seguía hacia Talavera de la Reina, Extremadura y Portugal.

Con el aumento en el tráfico de carruajes y caballerías se produce un mayor desgaste y deterioro en el firme de los caminos, por lo que se hace necesario un sistema que garantice la conservación de los caminos generales. Para ello se disponen reglas y normas que se deben cumplir al respecto: *«Que los reparos menores de echar tierra, o cerrar alguna corta quiebra en los caminos, sea de cargo del pueblo en cuyo término se causen; pero si necesitase obra de cantería, mampostería poner guardarruedas u otra cosa considerable, se haya de costear del portazgo, donde los hubiere, y donde no, de los arbitrios concedidos para estas obras».*[83]

A partir del siglo XVIII se debían acometer una serie de mejoras importantes pues, por ejemplo, en un informe se habla del frágil puente de madera que hay en Arroyomolinos para cruzar el Guadarrama y asegura que *«es intransitable para carruajes ni gentes de a caballo, ni para la herradura; no tiene barandillas o acitaras [sic] y*

---

[83] Pacheco Jiménez, César. *Los caminos para el suministro: Vías de comunicación entre Talavera de la Reina y Madrid*. Actas del I Congreso Internacional de Caminería Hispánica. Tomo I, pp. 455-470.

aun para la gente de a pie es arriesgado en tiempos de lluvia o vientos recios.»[84]

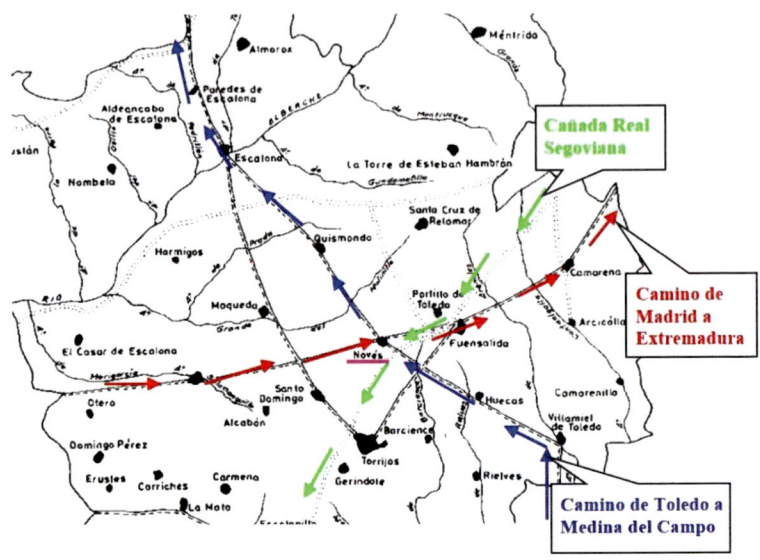

Fig. nº 3.- Caminos principales en los siglos XVI y XVII.

En 1779 se afronta el proyecto de mejorar el tramo de Móstoles a Santa Olalla, pero al tener dos trayectorias diferentes planteaba la duda de saber cuál de las dos era la más idónea. Tanto el estudio sobre el terreno como las medidas de las distancias del recorrido se encargaron al prestigioso arquitecto Ventura Rodríguez:

«Por Arroyomolinos: Se sale de Móstoles hacia el sitio que llaman las Fuentecillas o tabernas de Móstoles (113 cuerdas)[85] *y desde aquí se va a Arroyo-*

---

[84] *Ibidem.*
[85] La medida que se utiliza es la cuerda de 100 pies equivalente a 27,86 metros.

molinos por el camino alto hasta llegar al río Guadarrama (265 cuerdas). Se cruza el río por un puente de madera (8 cuerdas) y continua por el Alamo, (199 cuerdas) Casarrubios, (255 cuerdas) Ventas de Retamosa, (264 cuerdas) Venta del Gallo, (188 cuerdas) pasa por la Ermita que hay entre Portillo y Fuensalida (352 cuerdas) desde aquí se dirige a Novés (180 cuerdas y 50 pies) y sigue el camino hasta la venta de Pedro Pérez, en Val de Santo Domingo (232 cuerdas) y continua hasta Santa Olalla (258 cuerdas y 73 pies).»

«Por Navalcarnero: Recorre el mismo trayecto de las primeras 113 cuerdas que van desde Móstoles hasta el lugar de las Fuentecillas pero luego da un pequeño rodeo por las cárcavas de Móstoles hasta el lugar de las Lomas en el término de Arroyomolinos para alcanzar el puente de madera (134 cuerdas). Cruza el río (8 cuerdas) y se dirige a la Ermita de San Cosme (215 cuerdas) para llegar a Navalcarnero (19 cuerdas). Continúa el camino por una cañada por donde transitan las carreterías que llevan el carbón a Madrid hasta llegar a Valmojado (454 cuerdas y 50 pies). Sigue el Camino por Santa Cruz del Retamar (629 cuerdas), San Silvestre, (300 cuerdas), Maqueda (209 cuerdas) y finalmente Santa Olalla (227 cuerdas).»[86]

Las medidas que obtiene Ventura Rodríguez suman prácticamente la misma distancia en los dos tramos. En el primero son 2.315 cuerdas y 23 pies, equivalente a 64,50

---

[86] A.H.N. Consejos. Legajo 24.283. Expediente 10. Medida que ha ejecutado don Ventura Rodríguez de los dos caminos de Navalcarnero y Arroyo Molinos a Santa Olalla por la ruta de Extremadura Alta y Baja. 1779.

kilómetros y en el segundo tramo son 2.308 cuerdas y 50 pies, equivalente a 64,31 kilómetros. Sin embargo, en su informe aprecia que en el tramo de Arroyomolinos son necesarias muchas más obras de acondicionamiento, construcción de alcantarillas, pasos, puentes y pontones debido a la existencia de terrenos pantanosos de difícil tránsito en invierno, como sucedía en la llamada «legua negra» entre Novés y la Venta de Pedro Pérez en Val de Santo Domingo, concluyendo: *«se previene que el camino a Casarrubios y Santa Olalla es más costoso de tres partes las dos, por darlo de sí el terreno»*[87].

Además de todo esto, la necesidad de reformar el puente de madera existente en el Guadarrama debido al deterioro y mal estado en el que se encontraba, se había planteado la posibilidad de hacer un nuevo puente más cerca de Navalcarnero que además acortaba el trayecto por este tramo en 176 cuerdas equivalentes a 4,9 kilómetros.

La decisión que se tomó al final resulta obvia observando el trayecto actual de la Autovía A-5 de Extremadura que desplazó el camino tradicional de Madrid que pasaba por Novés.

Aún así, las obras se alargaron hasta más allá de 1790 debido a su alto coste[88] y la desviación proyectada se demoró largo tiempo. De hecho, en un informe de 1803 se dice que «casi todo el camino está abierto» dando a entender que las obras no habían finalizado todavía.

Incluso en la prensa se puede ver este anuncio: *«Sale a pública subasta varias tierras, viñas y olivos en el término de Santa Olalla, una casa en Val de Santo Domingo y la casa-venta nominada de Pedro Pérez con la huerta que tiene contigua situada en el camino real y su tránsito que*

---

[87] *Ibidem.*
[88] Solo el nuevo puente se tasó en 704.300 reales, según Madrazo.

de Novés se dirige para Extremadura»[89] que hace suponer que en 1808 la venta situada en el camino de Madrid aún funcionaba.

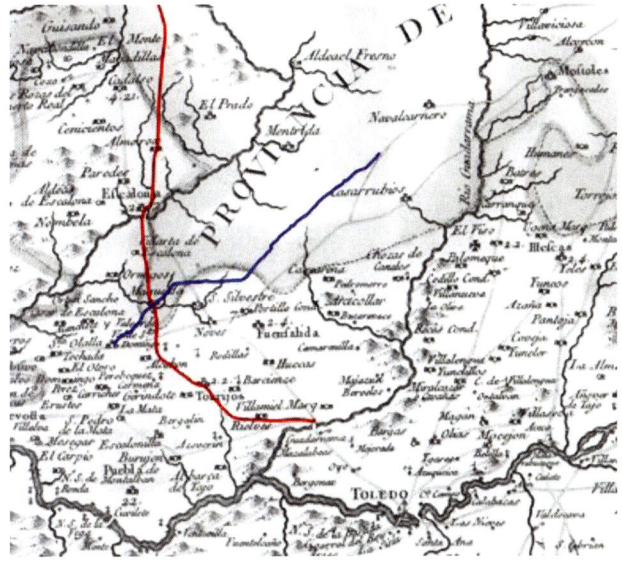

Fig. nº4.- Caminos principales en el mapa de Tomás López. 1768.
—— Desviación del camino a Toledo, Ávila y Valladolid. 1860.
—— Desviación del camino de Madrid a Portugal. 1780.

El 15 de febrero de 1854 se dicta un Real Decreto en el que se reorganiza la división territorial de Correos, por el cual las administraciones de Casarrubios, Cebolla, Maqueda, Novés, Santa Olalla, Santa Cruz del Retamar y Valmojado, que pertenecían a Madrid, pasan a ser subalternas de Talavera[90]. En esta disposición se puede apreciar que aparecen Santa Cruz del Retamar y Valmojado como

---

[89] Gaceta de Madrid. 1 de marzo de 1808.
[90] Calendario manual y guía de forasteros en Madrid. 1854.

nuevos lugares de postas añadidos en el correo de Madrid-Portugal.

A pesar de las mejoras en las vías de comunicación e incluso en la ampliación del servicio de diligencias, el servicio de las carreras de postas ya había entrado en franca decadencia en la segunda mitad del siglo XIX debido al desarrollo del ferrocarril. La línea férrea Madrid-Talavera que pasaba por Torrijos, por ejemplo, ya funcionaba parcialmente en el año 1876 a pesar de que las obras de la línea Madrid-Cáceres-Valencia de Alcántara no acabarían definitivamente hasta el año 1881.

La desviación de la carretera de Extremadura por Maqueda y Santa Cruz del Retamar, igual que la de Toledo a Ávila por Torrijos y Maqueda, a finales del siglo XIX aleja a Novés y a San Silvestre del cruce o encrucijada de estas dos vías tan importantes, quedando sumidas en la triste realidad de un lamentable aislamiento.

CAÑADA REAL

Por último, una pequeña referencia a otra vía de comunicación que en Novés alcanzó gran importancia, esta vez agropecuaria: la Cañada Real Segoviana.

Las cañadas eran vías pecuarias, rutas o itinerarios por donde tradicionalmente transitaba el ganado, sobre todo el lanar, para practicar la trashumancia en busca de pastos frescos. Alcanzaron gran importancia en la Edad Media por el importante comercio de lana que existía, pero a medida que la industria lanera decreció también lo hizo la ganadería. Por otra parte, la expansión de la estabulación y el uso de piensos compuestos permiten que ya no sea necesaria la búsqueda de nuevos pastos.

En la actualidad las cañadas son más una reivindicación de ecologistas, excursionistas y ciclistas que de pastores. A pesar de que en algunos lugares, sobre todo del medio rural, aún se conservan tramos del trazado original de algunas de las grandes cañadas medievales, lo cierto es que prácticamente ya no quedan vestigios de su anchura ni de su función porque han sido invadidas y ocupadas por fincas colindantes y hasta se ha urbanizado en algunas de ellas o han sido asfaltadas y convertidas en carreteras o calles por cruzar poblaciones importantes, como es el curioso caso de la calle Atocha de Madrid, que ocupa el trazado de una cañada real.

Por el término de Novés discurre la cañada Real Segoviana que comienza en la Sierra de Cameros (La Rioja) y termina en la comarca de la Serena (Badajoz) con una longitud total de unos 500 kilómetros. Entra en Toledo por Valmojado procedente de Villamanta (Madrid). Sigue por Ventas de Retamosa, Portillo de Toledo, Novés, Torrijos, Gerindote, La Puebla de Montalbán, San Martín de Montalbán, San Pablo de los Montes y desde aquí se dirige a Retuerta del Bullaque en la provincia de Ciudad Real para continuar por tierras extremeñas.

Según la legislación vigente: *«En Castilla-La Mancha las vías pecuarias están consideradas legalmente bienes de domino público y por tanto inalienables, imprescriptibles e inembargables, y se clasifican en: cañadas, cuando su anchura es de 75 metros (90 varas castellanas), cordeles de 37,5 metros de anchura, veredas de 20 metros de anchas y coladas de anchura variable.*

También se considera vía pecuaria el terreno ocupado por descansaderos, abrevaderos, majadas y cualquier tipo de terreno usado por el ganado trashumante y sus pastores.

En la provincia de Toledo hay inventariadas en total 759 vías pecuarias de las que 6 son cañadas, 163 cordeles, 20 veredas y 263 coladas. Existen además 24 abrevaderos y 46 descansaderos con una longitud total de 3.632 kilómetros y na superficie de 12.080 Has».[91]

A pesar de todo lo visto anteriormente no se puede negar que una cosa es la legislación y otra la realidad, pues no faltan ejemplos de invasiones de terreno producidas por fincas colindantes a las cañadas, o han sido utilizadas con otros fines distintos al bien común. Incluso en algunos casos han sido urbanizadas y otras veces se viola la ley con la modificación, eliminación y sustitución de cañadas, cordeles, veredas y caminos tradicionales por otros de nuevo trazado, sin llegar a ofrecer alternativas a esos cambios.

En este sentido hay que agradecer en cierta forma la labor que realizan grupos ecologistas y asociaciones deportivas y de ocio, que no cejan en su empeño para conseguir que estas vías agropecuarias abandonadas puedan ser reutilizadas ahora como rutas verdes, lugares recreativos o espacios ecológicos.

---

[91] www.castillalamancha.es/Vías Pecuarias/Gobierno de Castilla-La Mancha.

HOMÓNIMOS DE NOVÉS Y MONJÍA

En más de una ocasión hemos tenido la oportunidad de observar y comprobar la sorpresa que manifiestan algunos de nuestros interlocutores cuando pronunciamos algunas palabras que son tan habituales para nosotros como extrañas para ellos.

Es verdad que hay algunas palabras algo raras y poco frecuentes, quizás por tener algo de exóticas o a veces por ser tan escasas que llegamos a creer que son únicas o casi únicas y solo se conocen y se utilizan en nuestro entorno. Sin embargo, y por raro que parezca, casi siempre existen homónimos de esas palabras o nombres que nos llevan a admitir y a reconocer nuestro error.

Este es el caso de los nombres de mi pueblo natal y de su patrona: Novés y la Virgen de la Monjía, que no son precisamente muy corrientes ni habituales.

Novés es un pueblo toledano del que no voy a hablar ni voy a hacer mayor referencia sobre él aquí y ahora, remitiendo a los lectores a la consulta de mis libros *Novés, un lugar en el Retamar* (2002) y *Semana Santa en Novés, una tradición centenaria* (2022) en donde pueden encontrar si lo desean una información amplia y detallada de mi patria chica.

En este caso concreto me voy a referir con una breve reseña a otras localidades y lugares homónimos que es el objetivo de este artículo.

Novés (Huesca). Es una localidad situada en la comarca de la Jacetania, en la margen derecha de río Lubierre. Desde sus 826 metros de altitud se puede contemplar una amplia panorámica de los campos de cereal que son la base de su economía junto a la ganadería bovina, mientras al fondo se observa la Peña de Oroel y la sierra de San Juan de la Peña. Es un pueblo muy pequeño. Llegó a tener censados 83 habitantes en 1857 pero hoy solo cuenta con poco más de 30 vecinos.

Su historia se remonta al año 1188, cuando Alfonso II de Aragón lo entrega como posesión al monasterio de Santa Cruz de la Serós. Durante un breve período de tiempo, de 1203 a 1293, perteneció a la nobleza feudal, pero en ese último año Jaime II lo recuperó de nuevo para la corona de Aragón y en 1397 Martín I lo incorpora a la ciudad de Jaca, aunque con su condición de lugar realengo que conservó hasta 1778.

Formó parte del municipio de Caniás hasta 1944. En 1963 pasa definitivamente al municipio de Jaca, del que dista unos 10 km, junto a más de una treintena de pequeños municipios que son considerados barrios rurales de Jaca.

Novés (Huesca). Fotos: Google Maps.

Novés de Segre (Lérida). Es un pequeño núcleo de población que hoy cuenta con 138 habitantes. Está situado en la comarca pirenaica del Alto Urgel entre los ríos la

Guardia y Pallerols, que juntos confluyen en el Segre a escasa distancia de la población (unos 2 km). Pertenece al municipio de Valle de Aguilar (Valls d'Aguilar) y dista unos 15 km. de Seo de Urgel, capital de la comarca y poco más de 30 km. de Andorra. Su iglesia parroquial está dedicada a san Saturnino. Tiene una nave principal y una torre campanario adosada por la que se accede al templo. Situado en las faldas de los Pirineos es un lugar frecuentado por senderistas.

La documentación más antigua en la que aparece citado Novés se refiere a un camino que llevaba hasta ese lugar y data del siglo X. En el siglo XII está documentado que la iglesia de Urgel tenía bienes y posesiones en Novés, que por aquella época se denominaba Nuevas.

También hay constancia de que en el siglo XVI había un castillo con caballos y armas que pertenecía a la vizcondesa de Castellbó.

Novés de Segre. www.pateandoespaña.es.

Novés (Francia). Está situado en la región de Provenza y pertenece al departamento de las Bocas del Ródano. Es una comuna (aglomeración urbana) que hoy sobrepasa los 5.000 habitantes. Está a 15 km. de Aviñón ciudad papal durante el Cisma de Occidente y a 35 de Arlés, ciudad capital del distrito que es célebre y famosa por su anfi-teatro romano en el que se celebran corridas de toros.

En Novés hubo una fortaleza, hoy desaparecida, en cuyo solar se asienta actualmente el llamado Parque del Castillo. Otros monumentos destacables son:

Iglesia de San Baudilio (*Église de Saint Baudile*). Edificada sobre un lugar de culto romano. Es un templo románico del siglo XII con ábside semicircular. Ha sufrido modificaciones en los siglos XV, XVII, XVII y XX que distorsionan mucho su origen románico. Destaca en su interior la capilla de San Baudilio, que tiene pinturas con detalles de la vida del santo.

Novés (Francia). Fotos: Wikipedia

Capilla de los Penitentes Blancos (*Chapelle des Péni-tents Blancs*). Construida en el siglo XIV por orden del papa Juan XXII. Aún conserva en su ábside los frescos del siglo XVI a pesar de haber sufrido varias restauraciones y utilizada como capilla, iglesia, sinagoga y baños públicos. Ha sido convertida en biblioteca a finales del siglo XX.

En esta capilla se casó en 1325 la noble dama provenzal Laura de Sade, más conocida como Laura de Noves, musa y amor platónico del poeta italiano Petrarca, quien la inmortalizó con 366 poemas que la dedicó en su

Canzoniere (Cancionero) dividido en dos partes: Rimas en vida de madonna Laura y Rimas tras la muerte de madonna Laura.

Novés (apellido). Además de los topónimos geográficos referidos, el nombre Novés aparece también en la lista onomástica de los apellidos.

Según los datos del INE (Instituto Nacional de Estadística), referidos al año 2022 hay en España 719 personas que tienen Novés como apellido; de ellos, 339 lo llevan en primer lugar y 380 en el segundo.

Como dato anecdótico decir que en la provincia de Ciudad Real hay más de 200 personas que lo llevan ya sea en primero o segundo lugar, lo que supone casi un 30% del total. El resto está muy repartido por la geografía española.

Lo que resulta aún más curioso es la presencia de un personaje oriundo del Novés toledano llamado fray Juan de Novés[92], que vivió por estas tierras manchegas en el siglo XVI según he podido leer en unas crónicas de pícaros manchegos.

El fraile en cuestión fue expulsado de la Orden por sus relaciones poco honestas y escandalosas con mujeres, por lo que fue condenado a galeras, pena que se le cambió por mediación de su Orden, dada su condición religiosa, por otra de destierro en estas tierras manchegas.

Posiblemente –es solo una suposición personal que roza la fantasía– fue el pícaro fraile quien introdujo el apellido en la zona, porque debido a su condena no regresó jamás al lugar de su nacimiento, circunstancia que quizás también pudo llegar a afectar en cierta manera a sus descendientes, y como consecuencia se produjo la expansión del apellido.

---

[92] Es el mismo personaje condenado por la Inquisición ya visto.

Monjía. Lo primero que suele aparecer casi siempre que se pronuncia este vocablo es la discrepancia de opinión sobre la grafía del propio nombre. Unos defienden que se debe escribir con g (mongía) y otros con j (monjía).

En opinión de la RAE lo correcto es escribirlo con j. Bien es verdad que en algunos escritos antiguos aparece escrito con g, como argumentan quienes defienden esta opción, pero no es menos cierto que en épocas medievales –incluso posteriores– las grafías eran utilizadas de manera muy arbitraria, de tal forma que no resultaba extraño ver escrito Nobés en lugar de Novés en algunos documentos, por citar un ejemplo.

Otro ejemplo muy ilustrativo que puede servir como aclaratorio al debate lo encontramos en el nombre Fernando, que refiriéndose a la misma persona también se podía ver escrito Hernando, Hernán, Fernán, Ferrán, Ferdinán, etc.

El nombre monjía por tanto puede ser considerado anacrónico además de poco frecuente, puesto que es un vocablo en desuso que no define y se refiere únicamente a monjas o religiosas, sino que también tiene el significado de un derecho, emolumento o prebenda de un monje, o simplemente se puede referir a un lugar en el que habitan o han habitado monjes.

Seguramente esta amplia significación puede servir para entender mejor la significación de los homónimos que se describen a continuación, porque en todos ellos hubo presencia de religiosos en algún sentido.

Virgen de la Monjía. La patrona de Novés es la Virgen de la Monjía cuyo nombre, dejando la polémica caligráfica al margen, procede de la descripción de su primera aparición que según cuenta una leyenda del año 1190 lo hizo vestida de monja (*de monial vestida* dice literalmente).

En Novés también se utiliza el nombre de Monjía para referirse a la Ermita situada a unos 4 kilómetros de distancia y que acoge a la patrona de mayo a septiembre, toponimia que se extiende de modo genérico para referirse a todo el lugar de su entorno. Por la misma razón se usa el mismo nombre para el camino que conduce hasta allí y al arroyo que pasa junto a la ermita.

1.- Ermita de la Monjía.   2.- Imagen de N. S. de la Monjía

El origen de la ermita fue un monasterio templario según descripciones del siglo XVI. Era un lugar muy concurrido porque la imagen de Nuestra Señora, conocida también como de la Fuente Santa, era considerada muy milagrosa.

Durante bastante tiempo fue un lugar disputado por las parroquias de Novés y de San Silvestre, que pretendían el uso de la ermita argumentando cada párroco que estaba en su jurisdicción, hasta el punto de que en el siglo XVIII tuvo que intervenir el Cardenal Astorga, arzobispo de Toledo, para dirimir las desavenencias.

Situada en el límite de los términos de Novés y del antiguo de San Silvestre, que pertenece a Maqueda, es un lugar muy visitado por los novesanos, muy especialmente el tercer domingo del mes de mayo, que se celebra una romería popular a la que acuden numerosas personas no solo de Novés sino también de pueblos vecinos.

En este paraje debió existir un caserío a juzgar por unos azulejos antiguos que hay en la fachada de la ermita con la leyenda: *despoblado de la Mongía [sic]*.

La Monjía (Navarra). Es un regadío que está junto al río Linares y pertenece a Torres del Río (Navarra). Actualmente es un despoblado situado a unos 4 km. de distancia de Lazagurría siguiendo la carretera que va hasta Sansol y Torres del Río.

En este lugar hubo un caserío y un monasterio benedictino del que solo quedan ruinas que conservan restos de algunas edificaciones de cierto interés histórico.

Despoblado La Monjía, antiguo monasterio benedictino (Navarra). Foto A. Villaverde. (http://www.euskomedia.org/galeria/A-50413)

En el siglo XI consta que existía un monasterio dependiente del de Irache. Posteriormente, en el siglo XV el monasterio de Iranzu compra a Torres del Río y Sansol el regadío de la Monjía, y así figura en una documentación del siglo XVIII, como una granja del monasterio Iranzu que tenía una pequeña población de colonos con un alcalde ordinario perpetuo que residía en Aguilar y un prior propio que debía ser monje de Iranzu.

Antes de su desamortización en el siglo XIX consta documentado un pleito del concejo de Lazagurría contra el monasterio de Iranzu sobre el aprovechamiento de hierbas y aguas de su granja de la Monjía.

Subastada después en los años treinta del siglo XIX pasó por manos de varios propietarios particulares y en 1904 se vendió buena parte del regadío dividido previamente en casi un centenar de lotes. Seguiría parcelándose en los años siguientes.

En 1920 se decía de este lugar que era una preciosa granja muy mejorada, progresiva, dotada de maquinaria agrícola moderna y regadío en una mitad, a costa del río Linares.

La Monjía (La Rioja). Es una localidad despoblada situada cerca del nacimiento del río Jubera en la Tierra de Cameros, que pertenece al municipio de Munilla (La Rioja). Siempre ha estado ligada a la villa de La Santa, como pedanía de esta y junto a ella perteneció al monasterio de Santa María de Herce hasta 1812.

En el siglo XIII, don Alfonso López de Haro y su esposa doña María Álvarez fundaron el monasterio de la villa de Herce (La Rioja) dotándole de señorío sobre la propia villa y sus numerosas aldeas, entre las que se encontraba la Monjía.

La abadesa del monasterio tenía sobre la villa y sus aldeas señorío alto y bajo, civil y criminal, por lo que era conocida como abadesa de horca y cuchillo porque administraba justicia, cobraba los impuestos y nombraba alcaides y puestos públicos en su jurisdicción. En la Monjía también.

Con la desamortización del siglo XIX desaparecieron el monasterio de Herce y muchas de sus aldeas.

1.- La Monjía granja medieval despoblada (Larrauri, León y Gonzalo).
2.- La Monjía (La Rioja). Fotos: www.puertasconvivencia.com.

El municipio de la Monjía hoy está abandonado y en ruinas. Su iglesia parroquial estaba dedicada a Santa María Magdalena y fue construida entre los siglos XVI y XVIII. Tenía una sola nave recta, con cubierta a dos aguas, construida con mampostería de piedra. La iglesia contaba con dos espadañas, la más antigua a los pies de la nave, y la segunda, que sustituiría a esta primera, aneja a la parte central de la nave.

Debido a su altitud (más de 1.000 metros) este lugar está incluido en varias rutas de senderismo de alta montaña y se ha convertido en un lugar bastante conocido y frecuentado por deportistas y aficionados de diversas modalidades de montañismo.

Ermita de la Monjía (Soria). La ermita de la Monjía está situada en el pueblo de Fuentetoba, que pertenece al municipio de Golmayo (Soria), a unos 10 kilómetros de la capital que está situado en la ladera meridional de Pico

Frentes, en un lugar pintoresco, donde muy próximo nace el río Golmayo configurando un entorno de gran interés.

Tiene su origen en una presura (sistema de repoblación) a favor de los monjes benedictinos venidos de Valvanera con el fin de conseguir pastos y prados para el ganado.

En el siglo XVI los monjes ceden la Monjía a la familia Solier a perpetuidad. En esa época el heredamiento de la Monjía fue fortificado porque era considerado una pieza muy principal.

Ermita de la Monjía. Fuentetoba (Soria). 2009.

En una prueba de nobleza realizada para el conde de Castejón en el siglo XVIII se hace constar que D. Felipe de Castejón Tovar y Salazar (que también lleva el apellido Solier) ostenta los títulos de señor de La Monjía y de los palacios de Inestrillas y La Cueva (La Rioja), poseedor del mayorazgo de Castejón en la villa de Ágreda, etc., lo que hace suponer que este lugar debía ser propiedad del conde de Castejón.

La capilla de este monasterio data del siglo XII y según algunos historiadores es el monumento más antiguo de la Edad Media de Soria. Conserva una portada de estilo románico formada por tres arcos concéntricos de medio punto, sin labor ni molduras en las arquivoltas y capiteles cónicos, estilo que se repite en los capiteles del arco apuntado del ábside. En su interior se venera la imagen de Nuestra Señora de Valvanera cuya fiesta siguen celebrando los vecinos de Fuentetoba cada 8 de septiembre.

Interior de la Ermita de la Monjía. 1.- Capilla. 2.- Sacristía.
Fotos: noticias.soria.com

La ermita fue adquirida por particulares con fines urbanísticos que fueron rechazados por el ayuntamiento de Fuentetoba y por todos sus vecinos. La consecuencia fue el desalojo y abandono de los propietarios. Es el eterno problema del abandono en la España rural, aunque parezca nuevo por su actual definición: la España vaciada.

Actualmente la ermita presenta un lamentable y ruinoso aspecto en su mayor parte. Lo más triste y con-tradictorio al mismo tiempo es que fue declarada Bien de Interés Cultural por la Junta de Castilla y León en el año 2021 y justo ese mismo año se puso a la venta junto a una finca de 325 hectáreas que posee entre sus bienes lo que hace suponer un fatal desenlace para la continuidad de este monumento tan interesante.

La Mongie (Francia). Es una estación de deportes de invierno situada en la región de Occitania perteneciente al departamento francés de *Hautes-Pyrénéens* (Altos Pirineos). Ocupa la vertiente este del Col del Tourmalet, puerto de montaña famoso por estar muy vinculado al ciclismo ya que es una etapa casi imprescindible en el Tour de Francia que a veces ha sido incluida también en la Vuelta a España.

El nombre proviene del término occitano-gascón *mongiá*, que significa lugar de residencia de los frailes, lo que atestigua la presencia de monjes durante la Edad Media en estas montañas.

Al principio del siglo XX, solo existían algunas cabañas de pastores. En 1921 comenzó a practicarse el esquí tímidamente y fue a partir de 1973 cuando se consolidó definitivamente como estación invernal deportiva. Desde entonces sus instalaciones se han ido ampliando hasta llegar a superar las 60 pistas esquiables y los más de 40 remontes que tiene en la actualidad.

Estación de esquí La Mongie (Francia). Fotos Wikipedia.

Además de todo lo visto hasta ahora hay más ocasiones en las que aparece la palabra Monjía entre las que citamos las siguientes:

En Báguena (Teruel). En el siglo XIII, el Real Monasterio de Piedra solicitó al Papa que uniera la parroquia de

Báguena a su monasterio porque sus frutos, rentas y provechos apenas alcanzaban para sustentar debidamente al abad y a los monjes.

Benedicto XIII concedió la petición de los monjes por medio de una bula dada en 1398 quedando unida dicha parroquia y sus bienes al Real Monasterio de Piedra.

Por unos documentos del siglo XVI se conoce que el abad del monasterio, arrienda a varios vecinos la casa llamada de la Monjía con su bodega y vajillas vinales, además de otros bienes situados todos ellos en Báguena.

Todos los bienes de la parroquia de Báguena dependieron del monasterio de Piedra hasta su desamortización en el siglo XIX.

En Calera y Chozas. Hay un camino llamado de la Monjía que sale de la carretera que va de Talavera a Valdeverdeja.

Probablemente este camino llegaba hasta la dehesa o lugar de la Monjía que era citada en el siglo XVIII en los libros de cuentas del Condado de Oropesa en referencia a ciertos arrendamientos.

En el callejero de Madrid. En la capital de España hay una calle con el nombre de Virgen de la Monjía.

Calle Virgen de la Monjía (Madrid). Fotos: Google Maps.

Está situada en el Barrio de la Concepción que pertenece al distrito de Ciudad Lineal (28027).

Tiene más de 200 metros de longitud, que se extienden desde la calle Virgen del Val hasta la calle Virgen de Nuria.

En el Monasterio del Paular. Desde el atrio del monasterio se pasa por una galería con nervadura gótica que conduce a un claustro llamado *soli meruere beati* (solo ellos merecen ser bendecidos) que también es conocido como claustro de la Monjía.

Monasterio del Paular (Madrid).
(www.monasteriodelpaular.com)

En la fotografía anterior puede verse una panorámica del jardín del claustro en el que se aprecian dos templetes, uno octogonal en el centro y otro cuadrangular a la derecha.

El templete del centro tiene una fuente en su interior que preside el llamado claustro de la Monjía.

En Tolosa (Guipúzcoa). En un largo pleito entre los años 1548 y 1550 el concejo y justicia de Tolosa reclama la restitución de tres capillas de la iglesia de Santa Maria más la casa llamada de La Monjía, de las cuales se habían apropiado Lope de Idiáquez y Gracia de Olazábal, quienes alegaban tener derecho de enterramiento en ellas.

Puede que haya más ejemplos, no me atrevo a asegurarlo ni a ponerlo en duda, pero con estos que he mencionado creo que es suficiente para comprobar que los patronímicos Novés y la Monjía se pueden considerar nombres poco comunes y hasta algo raros si se quiere, pero no únicos ni exclusivos de nuestro entorno como algunos pudieran pensar o pretender. Así queda demostrado con la información que he podido conseguir y he reflejado con una breve y pequeña historia, aunque no por ello menos interesante cada una de ellas.

LAS CAMPANAS DE NOVÉS

Puede resultar pretencioso por mi parte afirmar que las campanas de Novés son las mejores y las que mejor suenan de todo el entorno, dada mi condición de novesano, pero no será raro pues casi seguro que lo mismo pensará más de uno de las de su localidad.

En el fondo es razonable porque cada cual considera que las campanas de su pueblo en cierto modo le pertenecen como si fueran de su propiedad particular, porque suenan de una manera muy especial despertando en él emociones que otras distintas no consiguen hacerlo.

Resulta lógico, por otra parte, que la interiorización del sonido de «nuestras campanas» formen parte de nosotros mismos, porque en la mayoría de los casos, sobre todo en pueblos pequeños, hemos tenido ocasión de escucharlas prácticamente desde siempre, e identificamos sus toques con fiestas, alegría y también con peligro, alarmas y tristeza a pesar de que la forma de realizar los toques ha variado mucho a lo largo del tiempo.

En un primer momento lo más frecuente era tocar las campanas volteándolas haciéndolas girar sobre sí mismas. Esta forma exigía subir al campanario para hacer la maniobra manualmente. Se denominaba toque a vuelo, de ahí la expresión de echar las campanas al vuelo.

Para facilitar la ejecución de dichos toques las campanas se disponían en unos yugos diseñados para poder realizar el movimiento giratorio sobre un eje. La función principal del yugo era distribuir el peso entre él y la campana para facilitar así su volteo u oscilación.

El yugo consta de tres partes: eje, brazo y cabeza. Su función principal, como ya se ha dicho, es la de ejercer de contrapeso a la campana.

Por su forma se distinguían dos perfiles: el valenciano y el toledano. El yugo toledano, más propio de nuestra zona, es algo más estilizado y tiene el brazo rebajado de forma que la campana queda embutida en él. Por otra parte, este tipo de yugo permite tener un control muy preciso de la pieza durante los volteos, permitiendo tocarla a volteo completo y dejar la campana invertida boca arriba sin mucho esfuerzo.

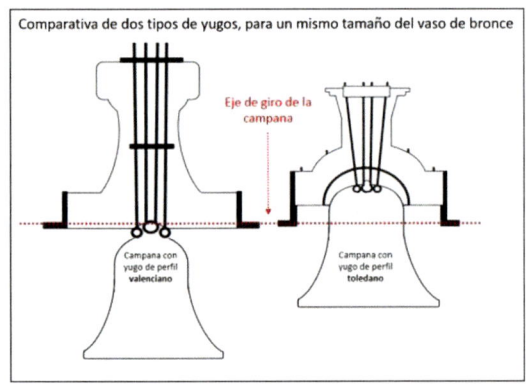

Esquema de los tipos de yugo de campanas.
(Informe de las campanas de Novés. A. Romera y C. Jiménez).

El volteo no era necesario siempre ni en todas las ocasiones. A veces el toque se realizaba con una simple oscilación moviendo la campana con un vaivén, para lo cual se instalaba en el yugo una palanca de balanceo para facilitar la maniobra.

Otra modalidad consistía en hacer los toques a pie de campanario mediante cuerdas. Para ello, las campanas se fijaban para impedir su volteo y oscilación. A continuación se sujetaba el badajo de la campana con una cuerda a una argolla para mantenerlo lo más cerca posible del bronce. Otra cuerda atada a esta primera bajaba desde el campanario hasta su base para que al tirar de ella presionase sobre la que sujetaba el badajo y pudiera hacer sonar la campana sin mucho esfuerzo.

Igual que en el toque a vuelo, un campanero hacía las maniobras manualmente. A veces se combinaban las dos maneras de tocar las campanas, haciendo sonar las más pequeñas desde abajo con las cuerdas y las más grandes y pesadas se volteaban en el campanario. Esta modalidad era infrecuente y se reservaba para las grandes festividades.

Hasta mediados del siglo XX los toques de las campanas marcaban el paso del tiempo diario señalando las horas de oración, de trabajo, de fiesta, de alegría, de tristeza, de alarma, etc.

Los diferentes toques se clasificaban según la finalidad y eran perfectamente distinguidos por todos los habitantes del pueblo o la ciudad, quienes percibían de manera inequívoca el mensaje o aviso que transmitían cuando escuchaban su tañer. Los diferentes toques de campana eran toda una fuente de información pues, además del toque diario y ordinario a misa, se tocaba también a fiesta, a bautizo, a difunto, a entierro, el ángelus, a viático, a gloria, a golpes de consagración, a niño fallecido, a ánimas, a vísperas, a horas canónicas, a cabildo, a arrebato, a quema, etc., todas diferentes y conocidas por todos.

A mediados del siglo XX surgen dos problemas importantes que afectan a los toques de campana. El primero de ellos es la ausencia de campaneros para cumplir y poder realizar su cometido. Esta función era realizada tradicionalmente por los sacristanes, oficio mal remunerado, a veces en especie y otras con dinero de la parroquia, pero de cualquier forma siempre escaso, lo que causó su desaparición y con ellos todos los secretos de los diversos y variados toques campaniles por falta de relevo. El segundo problema surge por la intolerancia que manifiestan ciertas personas y dicen sentirse molestas y perjudicadas con el sonido de las campanas. Algunas incluso afirman que se sienten agredidas y reclaman la aplicación de la ley de contaminación acústica (Ley 37/2003).

A la vista de tales inconvenientes, a partir del Concilio Vaticano II se aplicaron ciertas limitaciones –prohibiendo los toques nocturnos, por ejemplo– y reformas para limitar el uso de las campanas, lo que redujo no solo el número de toques sino también la variedad.

No obstante, en el año 2019 se declaran los toques de campana como un bien de patrimonio cultural inmaterial, dada la tradicional costumbre de marcar las horas y los acontecimientos que ocurren no solo con carácter litúrgico, sino también de significación civil permitiendo su uso sin restricciones siempre que se haga de forma manual.

En cuanto al problema de los campaneros, su resolución resultó bastante fácil, solo hubo que mecanizar su trabajo. *«En los campanarios se instalaron martillos eléctricos para sustituir a las cuerdas y tocan de manera mecánica. Claro que así desaparece la capacidad creativa del campanero y ahora la realiza un ordenador que mueve los martillos con toques estandarizados, en número limitado y grabados previamente perdiéndose muchos de los toques tradicionales».*

En el año 2019, Álvaro Romera y Carlos Jiménez hacen un informe de las campanas de Novés[93] asesorados en todo momento por los investigadores locales Gregorio García-

---

[93] A. Romera y C. Jiménez. «Informe sobre las campanas y sus toques de la parroquia de S. Pedro Apóstol de Novés (Toledo)».

Nuero, Ángel Illescas, Juan José López y José Luis Muñoz, cuyos resultados son bastante interesantes y nos permiten conocer datos curiosos y la historia de las sucesivas campanas de Novés:

- En 1458 se tienen noticias de que se han trasladado a Novés dos campanas del despoblado de Rodillas junto a otros ornamentos litúrgicos.
- En 1561 se le pagan 17.150 maravedíes a Sebastián de la Torre, maestro fundidor de campanas, por la fundición y colocación de una campana.
- En 1566 el maestro Juan de Haro fundió una campana grande de 15 quintales y un esquilón (campana pequeña) de 7 quintales más o menos.
- En 1657 se realiza el pago de 490 reales al maestro fundidor Pedro de Sota por una campana grande.
- Era costumbre bendecir las campanas. En Novés consta que el 23 de abril de 1659 aprovechando una visita del obispo D. Pedro de Orozco a la parroquia para impartir el sacramento de la confirmación se bautizaron y consagraron dos campanas, la mayor con el nombre de San Pedro y la menor con el de Santa María.

La construcción de la torre de la iglesia delata que siempre ha hecho función de campanario. Su construcción se hizo en dos fases. En la primera, que data del siglo XV, se levantó una torre cuadrada compuesta de tres cuerpos de sillería caliza con ocho ventanales, dos por cada cara, con la función de campanario. Posiblemente la torre estaba rematada por un pequeño cuerpo octogonal cubierto por un chapitel. Posteriormente, en una segunda fase llevada a cabo en el sigo XVIII, se sustituyó el último cuerpo por un nuevo campanario.

La motivación de esta intervención seguramente fue acústica, para elevar más las campanas de forma que su sonido se escuchase por igual en todo el pueblo. El cambio de época y de estilo es apreciable por el uso de ladrillo.

Finalmente quedó la torre con su aspecto actual: ocho ventanales en cada uno de los dos últimos cuerpos, cuatro por cada cara, que hacen un total de dieciséis ventanales, y rematada por un chapitel con un pequeño templete en su parte superior, donde se ubica la campana de las horas.

Es de suponer que las campanas siempre han estado colocadas en la torre de la iglesia, pero nada se sabe del paradero o de la suerte que han corrido las campanas que se han descrito al principio.

Campanario de la iglesia de Novés. (www.fotopais.es).

Actualmente solo existen cuatro campanas, que se alojan de esta manera: tres en el último cuerpo, dos del siglo XIX, una del XVIII y una cuarta correspondiente al reloj, instalada en el chapitel y que no se ha podido documentar.

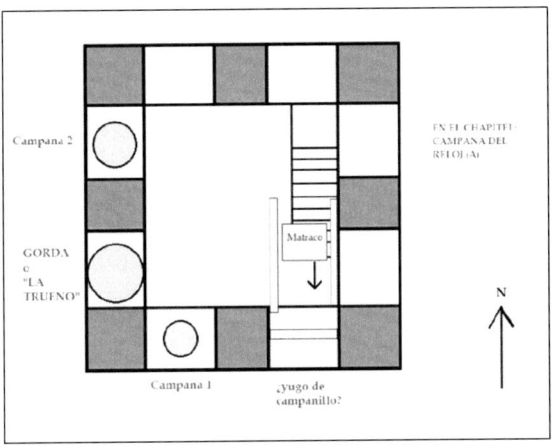

Esquema de la disposición de las campanas de Novés en la torre.
(Informe de las campanas de Novés. A. Romera y C. Jiménez)

El detalle de las campanas actuales, realizado en el informe de Romera y Jiménez, es el siguiente:

CAMPANA 1
- Nombre: Corazón de Jesús
- Diámetro: 83 cm.
- Peso: 450 Kg.
- Año: 1883
- Orientación: Sur

Tiene una inscripción que dice: *EDUARDO LINARES ME HIZO SIENDO CURA ECÓNOMO D. PEDRO MARÍA RUIPÉREZ Y ALCALDE D. MARIANO CARO CASTAÑO.*

CAMPANA 2
- Nombre: ¿?
- Diámetro: 95 cm.
- Peso: 500 Kg.
- Año: 1845
- Orientación: Oeste

Tiene una inscripción que dice: *ME FUNDIERON LOS MAESTROS PEDRO ALONSO VALVERDE Y JOSÉ PINEDA SOLAR.* Curiosamente, en ella no está grabado el nombre del sacerdote ni del alcalde, pero hay otra inscripción muy deteriorada en la que solo se puede leer: *...Y JOSÉ AÑO DE MDCCCXXXXV* lo que hace suponer que podría ser una invocación a la Sagrada Familia (Jesús, María y José) seguida del año (1845).

CAMPANA 3

- Nombre: La gorda o Trueno
- Diámetro: 107 cm.
- Peso: 650 Kg.
- Año: 1715
- Orientación: Oeste

Tiene una inscripción que no se ha podido leer completamente: *#PRO # NOBIS # AÑO # DE # 1714.* No se puede leer el nombre del santo al que está dedicada, de quien se pide intercesión, pero es de suponer que puede tratarse de san Pedro, pues siguiendo la costumbre la campana mayor suele tener advocación del santo titular del templo.

MATRACO

No nos podemos olvidar de la presencia del «Matraco» cuyo atronador sonido sustituye a las campanas desde el Prendimiento del Jueves Santo hasta el Gloria del Sábado Santo. En otros lugares se llama carraca o matraca. Se trata de un instrumento de madera compuesto de unas tablas fijas en forma de aspa entre las que cuelgan mazas, también de madera, que al girar producen un ruido fuerte y desapacible.

Campana 1   Campana 2

Campana 3   Matraco

Igual que las campanas, el matraco se tocaba manualmente, para lo cual había que subir al campanario para hacerlo girar; sin embargo, actualmente también se ha mecanizado y ahora suena gracias a un pequeño motor eléctrico instalado por Arturo Maroto en el año 2002, que se acciona desde la sacristía.

En el templete superior del chapitel existe un cuarto bronce, la campana del reloj, la cual no se ha podido documentar.

En el ventanal pegado a la campana 1 hay una viga de madera de la que posiblemente colgase un pequeño campanillo.

En el informe se señala también la importancia de los yugos de madera, que según los investigadores tienen tanto valor patrimonial como las propias campanas. Constituyen unos bellos ejemplares que conservan las proporciones y elementos característicos de los yugos toledanos: ejes acodados, yugo en dos piezas (brazo y cabeza), herrajes de refuerzo en los brazos, palanca de balanceo (que aún conserva la campana 1), campana empotrada en el brazo, etc.

Yugos de las campanas 1 y 2. Obsérvese en la imagen de la izquierda la palanca de balanceo marcada con una flecha.

Las tres campanas se encuentran en estado de abandono. La red anti-aves protege el interior de la torre, pero no las campanas, que se encuentran en general desprotegidas de la acción dañina de la palomina, cuya acumulación en algunas zonas es preocupante. El informe recomienda la limpieza del bronce con chorro de arena húmeda por el interior y el exterior, para recuperar la sonoridad original, y advierte de que con el nuevo sistema mecánico los martillos eléctricos hacen el golpeo de forma incorrecta, lo que puede causar roturas en las campanas. Este defecto está más acentuado en la segunda y tercera campanas.

La instalación es original y recomienda que sea conservada para proteger la sonoridad y otros valores culturales, teniendo en cuenta que cualquier mecanización deberá conservar estas cualidades, reproducir los toques tradicionales y no impedir los toques manuales.

El informe termina haciendo una referencia a los toques que se hacen en la actualidad que, como ya se ha dicho, se han mecanizado y en general se limitan a los siguientes:

MISA DIARIA. Un repique sencillo de dos campanas alternas. Tres toques, media hora, quince minutos y unos instantes antes de comenzar la misa. Cada toque termina con un golpe de campana en el primer toque, dos en el segundo y tres en el tercero.

MISAS DE DOMINGO. Se hace un repique floreado alternado el ritmo de dos campanas y unos golpes de badajo de la campana mayor. En las misas solemnes comienza un volteo de la campana mayor para seguir con un repique floreado. Todas siguen el mismo esquema de tres toques, como en la misa de diario.

PROCESIÓN. Repique floreado a la salida de la imagen de la iglesia, con descansos. El toque finaliza cuando la imagen regresa y entra de nuevo al templo.

DIFUNTOS. Hay dos toques distintos: de difunto o señal de muerto, que son trece campanadas pausadas si es hombre y doce si es mujer, y de entierro, novenario o aniversario, en el que doblan dos campanas alternas de forma pausada.

CONSAGRACIÓN. Son tres campanadas pausadas (los golpes) en el momento de alzar la Sagrada Forma y el Cáliz. Solo se hace en domingo y misas solemnes.

GLORIA. Toque exclusivo de la Vigilia Pascual, Domingo de Resurrección, Misa del Gallo y misa del Jueves Santo. Se hacen sonar todas las campanas de la torre haciéndolas voltear o repicar.

ÁNGELUS. Tradicionalmente eran tres toques cada día, al amanecer (Alba), a mediodía (Buenos Días) y al atardecer (Oración). Actualmente solo se suele hacer el de mediodía.

QUEMA. Se hacen sonar todas las campanas al unísono con un ritmo rápido y descompasado. También se conoce como toque de alarma o arrebato y sirve para avisar de un peligro inminente.

Para terminar, me he permitido incluir unos versos que son parte de un poema que escribí dedicado a las campanas de mi pueblo, cuyo sonido recuerdo con nostalgia debido a mi ausencia, pero con la esperanza cierta de que volveré a escucharlas.

> Vuestro sonido he escuchado
> desde el día en que nací
> y por eso cuando tocáis
> sé lo que queréis decir.
> Campanas, campanas mías,
> ¡cómo no os voy a querer!
> …
> ¡Campanas!... las de mi pueblo
> que pronto volveré a ver.
> ¡No perdáis vuestro tañer!
> …

La lectura del informe de Romera y Jiménez sobre las campanas de Novés fue una verdadera inyección de moral para mi morriña y tuve la necesidad de escribir este artículo.

ARMAS DE NOVÉS

La heráldica es una disciplina con un código de reglas estrictas que se ocupa de entender, componer y describir correcta y adecuadamente los escudos de armas. Una de sus ramas es la heráldica municipal, que estudia la historia y características de los escudos de armas de los ayuntamientos y entidades locales como símbolos para expresar su identidad, que se usan en actos protocolarios, ornamentación de edificios, en medallas honoríficas y en el encabezamiento y validación de documentos y escritos oficiales.

Según los especialistas en heráldica y cronistas de armas, el uso de los escudos y blasones por los municipios tiene su origen en los siglos XIV y XV debido en gran parte a los fueros y privilegios que se concedían y otorgaban a las villas y ciudades según las costumbres del derecho medieval.

Durante los siglos XVI al XVIII, la adopción de blasones se difundió por la asimilación propia de linajes de la nobleza, que estaban ligadas o mantenían algún tipo de relación con cada lugar, especialmente de señorío.

Durante el siglo XIX, se produce un periodo de decadencia en el uso de la heráldica tradicional, creándose armas propias en numerosos municipios, siguiendo normas de diversas reglamentaciones, en particular la Orden Ministerial de 30 de agosto de 1840, en la que se instaba a todos los ayuntamientos a adoptar un escudo propio. Archivos como el Histórico Nacional, el de Simancas o el de la Corona de Aragón conservan colecciones de sellos y documentos empleados para estudiar la existencia y uso de escudos memoriales de aquellas épocas.

A mediados del siglo XX fue aprobada una nueva orden ministerial en la que se demandaba a los municipios la rehabilitación y adopción de armas distintivas que sirvieran para su diferenciación creándose un registro de escudos municipales impulsado principalmente por organismos como el Instituto Salazar y Castro y el Consejo Superior de Investigaciones Científicas.

En el último cuarto del siglo XX se experimenta un interés creciente al respecto, aumentando el número de municipios que publican estudios para la rehabilitación de sus tradicionales armerías o para la creación de otras nuevas. A partir de la constitución de las Autonomías fueron estas las que asumieron la normativa sobre la administración de las entidades locales y las encargadas, por tanto, de la regulación en materia de heráldica municipal promoviendo su importancia como símbolos gráficos de la identidad de los municipios.

En lo que respecta a Novés podemos comprobar que se utilizan formalmente dos insignias distintivas como símbolos municipales, que son un blasón municipal, o escudo de armas, y una bandera. Sin embargo, de las dos solo está reconocida oficialmente la bandera.

Su definición está recogida en el Diario Oficial de Castilla la Mancha, nº 50, de fecha 07-03-2006, pág. 5573, de la siguiente manera: *Paño rectangular de proporciones 2/3 dividida verticalmente en tres franjas de igual anchura, de color rojo la inmediata al asta, amarilla la central y verde la del batiente.*

Bandera de Novés (Toledo).
Imagen Nethunter. Taller de heráldica y vexicología. Wikipedia.

No sucede lo mismo con su blasón o escudo de armas, porque no existe hasta la fecha una declaración o reconocimiento oficial según consulta realizada en el Diario Oficial de Castilla-La Mancha, salvo error u omisión. A pesar de ello hay constancia de varias versiones de escudos o blasones, que se utilizan de modo frecuente y habitual que se expresan a continuación.

VERSIÓN Nº 1. Tiene la siguiente descripción *sui géneris*:
«El escudo de la localidad de Novés se viene usando como propio desde tiempos inmemoriales. Se trata de un escudo coronado, compuesto por tres flechas horizontales de gules con punta hacia la izquierda, separadas la primera de la segunda, y esta de la tercera por dos bandas verdes, también horizontales.

Rodeado en sus líneas rectas por perlas de oro pudiéndose leer en letras en sable ARMAS y NOVÉS, en su borde curvo inferior. Las tres flechas representan a los tres comuneros Bravo, Padilla, Maldonado, siendo la primera representación de Juan Padilla, capitán de los tres».

Esta imagen la encontramos en Internet repetida en distintos lugares y es utilizada por grupos, asociaciones e incluso por el propio Ayuntamiento.

VERSIÓN Nº 2. Se trata de la misma imagen utilizada esta vez en la página web oficial de la Diputación de Toledo, pero en esta ocasión se describe de la siguiente manera: *«Sin timbre y de un solo cuartel: De sinople, tres fajas de gules cargadas de una flecha de sable cada una. Bordura de plata cargada de una cadena interrumpida por la leyenda ARMAS DE NOVES».*

A pesar de que cita como fuente de referencia a la Real Academia de Bellas Artes y Ciencias Históricas de Toledo, se puede observar que hay una evidente discrepancia entre la imagen y su descripción.

VERSIÓN Nº 3. *La imagen de este escudo se encuentra representada en un tapiz situado dentro de las dependencias del propio Ayuntamiento y también aparece en varios documentos oficiales. Su descripción se ajusta más a la que se hace en la versión anterior del nº 2.*

Sin embargo, no es del todo exacta según las reglas heráldicas. Si nos fijamos atentamente en la descripción, se dice que es un escudo sin timbre; por tanto, sin corona, y con tres fajas de gules, mientras que en este caso se representa como un tipo de escudo fajado que es diferente.

VERSIÓN Nº 4. Escudo con la siguiente leyenda: *«Este es el Escudo de Armas de Novés según resulta de las provanzas hechas en los pleitos seguidos en la Real Chancillería de Valladolid, cuando el Duque de Abrantes y Mariscal de Castilla quisieron titularse Señores del pueblo y se declaró por Executoria ser del Rey conminando con mil ducados de multa si usasen el tal Título».*

Esta imagen aparece en unas descripciones históricas de Novés del siglo XVIII realizadas por Francisco Villalengua.

Con tantas versiones sobre el escudo de Novés la polémica está servida. No obstante, se puede llegar a cierta coincidencia en algunas conclusiones:

PRIMERA. Que la versión nº 1 carece de credibilidad porque no se ajusta a las normas heráldicas en su definición. Por otra parte, la afirmación de que las flechas *representan a los comuneros* no tiene justificación veraz ni histórica que lo sostenga.

SEGUNDA. Que la versión n° 2 tampoco se puede considerar válida debido a la evidente discordancia de la imagen y su descripción.

TERCERA. Que la versión n° 3 es la que más se aproxima a las normas heráldicas en su definición; sin embargo, existe una discordancia entre esta y la imagen al representar un escudo fajado en lugar de tres fajas. Ciertamente la diferencia es mínima, como se puede ver en las imágenes que siguen, pero suficiente para no ajustarse a la tradición heráldica exacta y pura.

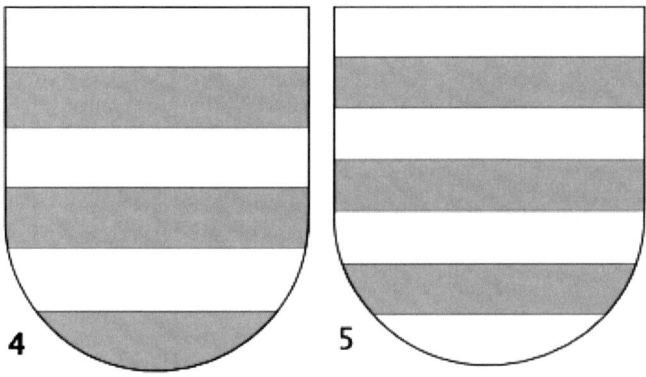

Se representan en gris para apreciar la diferencia entre fajado (4) y tres fajas (5). Los colores que se pueden aplicar son muy variados.

CUARTA. De la versión n° 4 no se conocen los colores y esmaltes empleados, por disponer solo la copia de un manuscrito en blanco y negro debido a su antigüedad. No obstante, se intuye que el cuartel de la izquierda debería tener los colores de las armas de la Corona de Castilla por la referencia que se hace al Rey por ser lugar realengo.

QUINTA. Sin ninguna pretensión por mi parte ni mucho menos arrogancia alguna –no soy especialista en heráldica– me permito expresar una opinión personal razonada apoyada con las siguientes imágenes:

Figura nº 1   Figura nº 2

La primera figura representa el escudo de armas de Novés corregido y ajustado a la definición heráldica (se supone correcta) que hace la Real Academia de la Historia, sin timbre, de sinople y con tres fajas de gules cargadas con tres flechas de sable.

En la segunda figura se representa el escudo según el criterio de la Real Academia de la Historia, pero corregido al añadir un timbre (la corona) que en la definición original se omite. Las diferencias son mínimas como se puede apreciar, pero estaría más ajustado a la realidad pues creo que el uso del timbre podría considerarse correcto y estar justificado, según mi modesta opinión, dado el tradicional estatus de lugar realengo que Novés siempre ha tenido. Por eso pienso que ha de mantenerse.

En las dos imágenes siguientes se representan dos posibles versiones tomando como referencia el escudo de armas de Villalengua por ser el documentado más antiguo que se conoce. La primera versión (figura nº 3) es un escudo partido que adopta parte de las armas reales (las de Castilla) en el primer cuartel, como lugar realengo que era, mientras que en la segunda (figura nº 4) estas se sustituirían por las armas actuales de la región castellano manchega. El segundo cuartel es prácticamente una copia algo modernizada del escudo de Villalengua.

Figura nº 3   Figura nº 4

Reconozco que tanto el diseño como los colores utilizados para la realización de estas dos versiones solo son intuitivos, fruto de una opinión personal y un tanto modernizada. Por tanto, lo más correcto y deseable sería hacer una consulta en los archivos de la Real Cancillería de Valladolid, citados por Villalengua, por si se pudiera obtener más información al respecto que sin duda proporcionaría más rigor y exactitud.

Por último, como conclusión final, decir que lo más aconsejable y acertado, bajo mi punto de vista, sería acudir a expertos en heráldica para realizar las consultas y estudios pertinentes y así poder adoptar una decisión definitiva y hacerla oficial, que sirva para unificar criterios y evitar así confusiones y errores indeseables.

Considérese que la imagen del escudo municipal es la representación de nuestra propia identidad como pueblo, cuya imagen está circulando libremente por internet y es accesible a todo el mundo independientemente del nivel cultural que tenga cada persona con la condición, además, de ser visible en cualquier lugar del planeta, por lo que sería deseable evitar opiniones y/o afirmaciones históricas poco rigurosas y, por tanto, poco veraces.

La existencia de tantas y variadas versiones del escudo heráldico de nuestro pueblo solo contribuye a crear confusión.

Sin hacer mucho esfuerzo he podido comprobar personalmente que la imagen y la definición del escudo de Novés que se ofrece en Wikipedia (versión n° 1) se comparte en más de una treintena de enlaces, algunos de ellos organismos oficiales, amén de otros varios que utilizan distintos idiomas: inglés, alemán, francés y hasta coreano, lo que indica que la información que reciben los usuarios hablantes de estas lenguas no deja de ser errónea o no se ciñe exactamente a la verdad cuanto menos, como hemos podido comprobar, y peor aún, que también lo transmiten dando así continuidad a la confusión, lo que puede derivar en llegar a conclusiones falsas.

Tapiz del Escudo de Armas en el Salón de Plenos.
Foto cedida por el Excmo. Ayuntamiento de Novés.

Creo que esto podría ser motivo más que suficiente para adoptar medidas cautelares que eviten errores de bulto de este tipo para poder ofrecer de esta forma una buena imagen y lo más correcta posible de Novés, porque en ello no solo va algo de su prestigio como pueblo, sino también del nuestro como vecinos.

En todo caso estoy convencido de que lo mejor de todo sería unificar criterios para adoptar una resolución oficial que sea única, preferiblemente unánime o mayoritaria, pero inequívoca y válida para todos. Claro que no es necesario ni obligatorio ceñirse solo a estas posibilidades que ya conocemos, también existe la opción de crear un escudo de armas totalmente nuevo por consenso y que sea aceptado por todo el pueblo, como ha sido el caso de la bandera.

A este respecto quiero destacar un párrafo que leí en alguna parte y que considero muy conveniente para aplicar en este caso: «*Recuerden los expertos que los errores son errores y los cometemos todos, pero cuando un error es corregido y a pesar de ello se insiste en mantener lo erróneo, el error deja de ser un error y se convierte en una falsedad*».

Evidentemente, el tema heráldico no es un problema de vital importancia para Novés ni para los novesanos, pero creo sinceramente que este consejo debería tenerse en cuenta para remediar el caso que nos ocupa.